俄国朝鲜移民政策研究

(1860~1917)

A Study of Russia's Policy on the Korea Immigration (1860-1917)

南慧英 著

社会科学文献出版社
SOCIAL SCIENCES ACADEMIC PRESS (CHINA)

本书为国家社科基金青年项目"东北亚视阈下俄、苏对朝鲜移民政策研究（1860－1937）"（项目编号：13CSS025）成果；同时为教育部国别和区域研究中心"哈尔滨师范大学斯拉夫国家研究中心"及中央财政支持地方高校发展专项资金项目"'一带一路'视域下斯拉夫国家语言文化及发展战略研究团队"成果。

序

　　俄国远东地区既是世界历史与现实中地缘政治的枢要区域，亦是东北亚国际关系的重要构成，这一地区的移民问题，具有复杂性和跨国性等特点。本著作关注了俄国远东地区东亚移民中的朝鲜移民群体，并对其进行整体考察，对深化近代俄国移民史、东北亚国际关系史的研究具有一定学术价值，并为促进当今东北亚区域经济合作、地区文化交流等提供思考与借鉴。

　　1861年农奴制改革促进了俄国资本主义经济迅速发展，各地对劳动力的需求激增，特别是空旷的俄国远东地区。在国内移民不利的情况下，俄国积极鼓励相邻的东亚各国移民。在东北亚国际关系大背景下，作者从移出国和移入国两方面着手，分析朝鲜人向俄国远东地区移民的背景、分期，探索不同的移民路径，探讨俄国远东地区东亚移民的历史起源、移民规模及人口特征等。

　　此外，作者不仅探讨了在俄朝鲜移民的经济生活，还关注其政治活动，并认为，处于社会底层的朝鲜劳动者，积极接受革命思想，与俄国工人、农民一起参与反对沙皇统治，建立及保卫苏维埃政权的斗争，开了世界史上无产阶级大规模国际主义援助的先例。同时，他们与朝鲜国内反日民族解放运动相呼应，成为国际被压迫民族反抗殖民斗争的重要组成部分。

作者亦从文化视角出发，认为朝鲜移民与俄国文殊缘异，移民初期，基本游离于俄国主流文化之外，极力保持本民族特征，群聚而居，自成一体。但是，为尽快融入俄国社会，并顺利加入俄国国籍，越来越多的朝鲜移民接受东正教洗礼，接纳俄式教育，移风易俗，逐渐被同化。朝鲜移民对俄国远东地区的文化、生活习俗、饮食习惯等亦带来冲击，文化的冲突与融合伴随始终。

俄国远东地区的朝鲜移民，有合法移居者，亦有非法入境者，有长期定居者，也有短期务工者。俄国政府在"急需劳动力"和"黄祸论"这一对矛盾牵制下，对东亚移民的政策几经调整，大体经历了积极鼓励—谨慎对待—遏制排斥—重新接纳四个阶段。作者以19世纪末20世纪初东北亚国际关系变化为背景，将俄国对朝鲜移民的政策进行系统、全面地考证和分析，从中挖掘其政策演变的特征。

该著作引用了大量俄文资料，为此，作者在写作期间到莫斯科大学访学一年，查找了大量档案资料，主要包括俄罗斯帝国对外政策档案（АВПРИ）、俄联邦国家档案（ГАРФ）、俄罗斯国家远东历史档案（РГИА ДВ）），此外，还结合韩文资料对这一问题进行了细致研究。

该书作者南慧英在攻读博士学位期间就曾在《世界历史》《求是学刊》等核心期刊上发表论文多篇，其毕业论文在评审和答辩过程中得到中国社会科学院、北京大学、北京师范大学及东北师范大学专家的好评。毕业后，在承担高校繁重教学任务的同时,参与了多项教育部及省级重大课题的成果编写。尤其是年仅三十余岁便两次领衔并获得国家社会科学基金项目,显示出较强的科研潜质。诚然,该书是作者独立完成的第一部学术专著,作为学术道路的初探者必然存在很多不足。将1860～1917年俄国对朝鲜移民的政策,置于东北亚国际关系的大背景下进行考证研究,要对国际形势进行宏观的把握,并以此为依据,对其政策制定的脉络演变进行评析,难免心余力绌。种种不尽如人意之处,尚待以后日臻完善。

黄定天

2019 年 9 月 10 日

摘　要

　　1861年，农奴制改革促进了俄国资本主义经济迅速发展，各地对劳动力的需求激增，特别是空旷的俄国远东地区。在国内移民不利的情况下，俄国积极鼓励相邻的东亚各国向其国内移民。而此时，朝鲜被迫卷入资本主义世界殖民体系，在本国封建势力及外国资本主义压迫下，当地居民生活贫困，孤苦无助，终踏异国求生之旅。此后，由于经济、政治、国际关系、自然灾害等原因，朝鲜人纷纷从海路、陆路向俄国移民。他们聚居在俄朝边界地区，主要从事农业生产。随着朝鲜移民人数的增加，他们不断向俄国远东内陆迁移，甚至部分人向西进入西伯利亚和欧俄地区。朝鲜移民作为俄国远东地区主要劳动力散布于采矿业、铁路建设、捕渔业等各经济领域。20世纪初，随着朝鲜民族危机加深，俄国涌入大量政治性移民。他们以滨海省为根据地，积极参加反对沙皇专制统治的斗争，并与朝鲜人民共同参与反日民族解放运动，使其具有国际无产阶级革命和被压迫民族反殖民斗争的双重内核。

　　俄国对朝鲜移民的政策不仅受国家发展战略的影响，更受近代国际关系的制约。1860～1917年俄国的朝鲜移民政策经历了积极鼓励—谨慎对待—遏制排斥—重新接纳四个阶段。朝鲜人向俄国移民的初期,俄国在开发远东的大背景下,采取了积极接纳的政策,不仅给予他们物质补助,甚至还提供军事保护。但随着俄国边境地区朝鲜移民数量的增多,俄国政府担心边境地区出现"朝鲜化"现象,甚至忧虑在未来与周边国家发生战争时,朝鲜移民会站到敌对国一方,从而给俄国边境安全带来直接威胁。因此,俄国政府一方面将边境地区的朝鲜移民迁往远东内陆;另一方面,通过禁止使用朝鲜劳动力、限制朝鲜移民加入俄国国籍、加强俄国居民向远东地区移民等措施,遏制和排斥境内的朝鲜移民。然而,俄国的朝鲜移民政策在东北亚各国力量此消彼长,在世界大战爆发等国际关系因素的影响下又几经调整,实际上,对朝鲜移民政策的每一次调整皆反映了俄国以国家利益为中轴、相机而动的现实主义特性。

目 录

绪 论 …………………………………………………… 001

第一章 俄国对朝鲜移民政策缘起（1860～1882）… 025
  第一节 朝鲜人向俄国移民的肇始阶段………………… 025
  第二节 俄国对朝鲜移民的早期政策…………………… 038

第二章 俄国中央政府的限制政策与地方行政机关的
        灵活态度（1882～1905）………………… 053
  第一节 俄国对朝鲜移民政策调整的背景……………… 053
  第二节 中央政府的限制政策…………………………… 062
  第三节 地方行政机关的灵活态度……………………… 080

第三章 俄国对朝鲜移民的遏制政策（1905～1910）… 101
  第一节 俄国新的朝鲜移民潮…………………………… 101
  第二节 俄国对朝鲜移民实施强硬措施………………… 106

第四章 从"遏制政策"到"鼓励政策"的嬗变
        （1910～1917）……………………………… 117
  第一节 "日朝合并"后大量朝鲜移民的涌入 …… 117

第二节　1914～1917年鼓励政策故态复萌 ………… 123
　　第三节　俄国朝鲜移民的主要活动 ………………… 141

第五章　俄国对朝鲜移民政策论析 ………………………… 175
　　第一节　移民人数、地域变化与俄国朝鲜移民
　　　　　　政策 ………………………………………… 175
　　第二节　俄国对朝鲜移民政策的影响因素 ………… 188
　　第三节　俄国朝鲜移民政策的特征 ………………… 199

参考文献 ……………………………………………………… 204

附录1　单位换算表 ………………………………………… 225

附录2　主要民族名译名对照 ……………………………… 228

附录3　主要地名译名对照 ………………………………… 230

后　记 ………………………………………………………… 235

Contents

Introduction / 001

Chapter 1 The Origin of Russia's Immigration Policy on North Korea (1860 – 1882) / 025

   Section 1 The First Stage of the Koreans' Immigration to Russia / 025

   Section 2 Russia's Early Policy on North Korean Immigration / 038

Chapter 2 The Restrictive Policy of the Russian Central Government and the Flexible Attitude of Local Administrative Agencies (1882 – 1905) / 053

   Section 1 Background of Russia's Adjustment of North Korea's Immigration Policy / 053

   Section 2 Central Government's Restrictive Policy / 062

   Section 3 Flexible Attitudes of Local Administrative Agencies / 080

Chapter 3　Russia's Containment Policy against North
　　　　　　Korean Immigrants（1905 – 1910） 　　　／ 101
　Section 1　Russia's New North Korean Immigrants　／ 101
　Section 2　Russia Implements Tough Measures
　　　　　　against North Korean Immigrants　　　　／ 106

Chapter 4　Evolution from "Containment Policy"
　　　　　　to "Encouraging Policy"（1910 – 1917） 　／ 117
　Section 1　The Influx of a Large Number of Korean
　　　　　　Immigrants after the Merging of the First
　　　　　　Festival　　　　　　　　　　　　　　　　／ 117
　Section 2　1914 – 1917 encouragement Policy Relapsed　／ 123
　Section 3　Main Activities of Russian North Korean
　　　　　　Immigrants　　　　　　　　　　　　　　／ 141

Chapter 5　An Analysis of Russia's Immigration
　　　　　　Policy towards Korea　　　　　　　　　／ 175
　Section 1　The First Quarter of the Number, Geo-
　　　　　　graphical Changes and the Russian North
　　　　　　Korean Immigration Policy　　　　　　　／ 175
　Section 2　Factors Influencing Russia's Immigration
　　　　　　Policy on North Korea　　　　　　　　　／ 188
　Section 3　The Characteristics of Russia's Immigration
　　　　　　Policy towards North Korea　　　　　　 ／ 199

References / 204

Appendix Ⅰ **Unit Couvertion Table** / 225

Appendix Ⅱ **The Contrastive Translations of Major Ethnic Groups between Chinese and English** / 228

Appendix Ⅲ **The Contrastive Translations of the Place Names between Chinese and English** / 230

Postscript / 235

绪　论

一　移民与国际移民

按照人口学的一般原理，"流动"包括所有在地域上（无论短居或是长住，亦不论距离长短）的任何类型移动，通常包括迁移。迁移则指永久或半永久居住地的改变，个人或团体从一个社会单元或居家环境到另一个环境的空间转换。而移民则是"人口迁移的一种形式，一定数量人口出于各种目的和动机，离开原来居住地，到另外一个距离较远的地方定居和谋生，并且不再返回原来居住地的人"。①

1953年，联合国经济与社会事务部统计司首次以联合国名义对国际移民提出了明确标准，此后，这一概念又得到多次修订。其中提出，移民即在外国居住一年以上的非当地原居民的永久性移民（包括已入籍、未入籍者）。②

---

① 中国百科大辞典编撰委员会：《中国百科大辞典》（第八卷），中国大百科全书出版社，1999，第6363页。
② Economic and Social Commission for Asia and the Pacific: Expert Group Meeting on ESCAP Regional Census Programme: Country Paper on International Migration Statistics-India, 2006, p. 2.

1998年,该组织正式公布《国际移民数据统计建议》,对国际移民的内涵进行了界定:"国际移民指的是任何一位改变了常住国的人。但因为娱乐、度假、商务、医疗或宗教等原因短期出国者则不包括在内。"① 从居留期限划分,国际移民还可分为"长期移民"和"短期移民"。国际移民组织(IOM)对"国际移民"也做出了专门定义,即以定居为目的而永久性地离开国籍国或长期居留他国,跨越国家边界,或在一定时期内生活于另一国家的人。②

本书的主要研究对象"朝鲜移民",主要是指出于各种目的迁移至俄国境内定居的朝鲜人及其后裔,包括入籍者和非入籍者两种类型。

二 国内外研究现状

(一)国外研究现状

1. 俄罗斯

(1) 帝俄时期

俄罗斯对境内朝鲜移民的关注由来已久,帝俄时期已有可供参考的资料。其中最具代表性的是阿穆尔考察团的成果。1909~1910年,阿穆尔考察团通过在远东地区的实地考察,编写了20卷本的著作《钦派阿穆尔考察团成果》(*Труды Командированной по Высочайшему Повелению Амурской Экспедиции*)。该著作对俄国远东地区进行了全面、细

---

① DESASD (Department of Economic and Social Affairs Statistics Division, UN), Recommendations on Statistics of International Migration, Statistical Papers Series M, No. 58, Rev. 1. New York: United Nations. 1998, p. 17.
② IOM (International Organization for Migration), Glossary on Migration, Geneva: IOM, 2004, p. 33.

致的介绍与总结,远东地区的朝鲜人问题亦在考察范围之内。阿穆尔考察团的代表人物之一佩索茨基又专门撰写了《阿穆尔沿岸地区的朝鲜人问题》(Корейский вопрос в Приамурье),其中提供了远东地区朝鲜移民的人数信息,并客观分析了朝鲜人向俄国移民的原因。此外,阿穆尔考察团另一位主要参与者格拉文撰写《阿穆尔沿岸地区的中国人、朝鲜人和日本人》(Китайцы, корейцы и японцы в Приамурье),将境内朝鲜移民、中国移民和日本移民进行了对比研究,这对早期俄国境内朝鲜移民的研究具有重要参考价值。

历史事件直接参与者所著之作,为本书写作提供了重要的资料支撑。例如,曾于1890年担任阿穆尔沿岸辖区总督一职的纳谢金在其著作《阿穆尔沿岸边区的朝鲜人》(Корейцы Приамурского края)中,不仅对南乌苏里边区朝鲜移民的人数进行了详细统计,还对朝鲜移民村和朝鲜移民的生活状况进行了细致描述;曾任滨海省总督、阿穆尔沿岸辖区总督的翁特尔别格先后于1900年、1912年出版了《滨海省1856—1898》(Приморская область 1856 - 1898гг)和《阿穆尔沿岸边区1906—1910》(Приамурский край 1906 - 1910гг)两部著作,全面揭示了十月革命前滨海省和阿穆尔沿岸边区聚居的朝鲜移民生活的全貌。作为边区统治者,他在书中从国家、民族利益角度表达了自己对统辖范围内朝鲜移民的立场和观点。

著名的西伯利亚历史学家瓦京与普尔热瓦尔斯基并称为史学领域自由民主学派的代表人物,瓦京的《朝鲜人在阿穆尔—西伯利亚和与之相邻国家历史数据统计汇编》

(Корейцы на Амуре.—Сборник историко-статистических сведений о Сибири и сопредельных ей странах.)和普尔热瓦尔斯基的《乌苏里边区旅行记（1867—1869）》（Путешествие в Уссурийском крае 1867 - 1869 гг.）均关注了俄国的朝鲜移民问题，并对境内朝鲜移民村和农民的生活进行了细致的阐述。

19世纪末，赫冕列娃的《乌苏里边区及居民的真实生活》（Правда об Уссурийском крае и его обитателях）和诺维齐卡娅的《南乌苏里边区和移民：地理大纲》（Южно-Уссурийский край и переселенцы: Географический очерк.）对南乌苏里边区居民进行了全面考察，同时触及了当地朝鲜人的经济活动和日常生活。

（2）苏联时期

20世纪30年代，斯大林实施了驱逐政策，将远东地区的朝鲜移民强制迁往中亚。此后，对远东地区朝鲜移民问题的研究一度沉寂下来。直至50年代，赫鲁晓夫调整朝鲜移民政策，特别是一些史料解密后，对远东地区朝鲜移民的研究得以重新开展，出现了一系列传记性质的著作。许多是当时的亲历者——В. К. 布柳赫尔（В. К. Блюхер）、М. Н. 杜哈切夫斯基（М. Н. Тухачевский）、И. Э. 雅基尔（И. Э. Якир）、И. П. 乌鲍烈维奇（И. П. Уборевич）[1]。

20世纪50～60年代，苏联学者更注重朝鲜人反日斗争

---

[1] Душенькин В. В. От солдата до маршала. М., 1960; Командарм Якир (воспоминания друзей и соратников). М., 1963; Блюхер В. К. Статьи и речи. М., 1963; Севастьянов В., Егоров П. Командарм первого ранга И. П. Уборевич. М., 1964; Никулин Л. Маршал Тухачевский. М., 1964 и др.

和参与远东地区建立苏维埃政权等政治问题。①这一时期在朝鲜移民史方面最具代表性的学者是金森华（Ким сын хва）。他撰写的《19世纪末20世纪初俄国远东朝鲜农民》（Корейские крестьяне русского ДВ в конце XIX-начале XX）和《苏联朝鲜人历史纲要》（Очерки по истории советских корейцев）均以大量史料为基础，对境内朝鲜移民状况进行了全面考察，这是苏联时期对朝鲜移民问题研究最权威的学术成果。

20世纪70年代以后，苏联学术界展开了对朝鲜移民问题的深入研究。有的学者关注政治问题，例如，М. Т. 金的《朝鲜国际主义者在远东为建立苏维埃政权的斗争（1918—1922）》（Корейские интернационалисты в борьбе за власть советов на Дальнем Востоке 1918 - 1922）列举了大量积极参与反日民族解放运动和苏俄国内战争的朝鲜革命家；也有部分学者逐渐开始将焦点转向迁移至中亚的朝鲜移民的经济生活②，

---

① Очерки по истории освободительной борьбы корейского народа. М., 1953; Ким Г. Ф. Борьба корейского народа за восстановление народного хозяйства, за мир и национальное единство. Стенограмма публичной лекции ⋯ М., 1954; Пак М. Н. Из истории освободительного движения корейскогонарода. М., 1955; Бабичев И. Коммунисты-вдохновители и организаторы участия китайскихи корейских трудящихся в борьбе против интервентов и белогвардейцев наСоветском Дальнем Востоке (1918 - 1922 гг.). Автореф. дисс ⋯ к. и. н. М., 1960; Цыпкин С. А. Участие корейских трудящихся в борьбе против интервентов на советском Дальнем Востоке // Вопросы истории. 1956. № 11; Григорцевич С. С. Участие корейцев русского Дальнего Востока в антияпонской национально-освободительной борьбе 1906 - 1917 гг. // Вопросы истории. 1958. № 10.

② Джарылгасинова Р. Ш. Основные тенденции этнических процессов корейцев Средней Азии и Казахстана. М., 1980; ГайкинВ. А. Корейское население Маньчжурии в освободительной борьбе против империалистической агрессии Японии 1905 - 1945 гг. Автореф. дисс ⋯ к. и. н. М., 1982; Югай И. Развитие современных этноязычных процессов в инонациональной среде. (На материалах исследов. городских корейцев УзССР). Автореф. дисс. к. и. н. М., 1982. С. 22.

例如 П. Н. 金的《乌兹别克斯坦共产党组织加强朝鲜集体农庄的活动（1937—1941）》［Деятельность Коммунистической партии Узбекистана по организационно-хозяйственному укреплению корейских колхозов. (1937 – 1941 гг.)］对乌兹别克斯坦朝鲜人集体农庄的经济活动进行了详细考察；还有学者在对远东地区进行整体研究时，特别关注了朝鲜移民问题，例如，卡布赞的《远东是怎样住满人的（17世纪下半叶—20世纪初）》(Как заселялся Дальний Восток вторая половина XVII - начало XX века)、卡梁莫娃的《在俄国远东工人阶级的形成（1860—1917）》(Формирование рабочего класса на Дальнем Востоке России 1860 – 1917)、雷巴科夫斯基的《近150年的远东居民》(Население Дальнего Востока за 150 лет) 等，对远东地区中国人和朝鲜人居住区域、活动范围、法律地位以及生活特性等均做出了系统论述，并对亚洲移民在俄国远东地区发展中的作用给予了客观评价。

（3）俄联邦时期

①关于俄罗斯朝鲜移民的综合性研究

苏联解体以来，随着大量档案解密，关于俄国史、俄朝关系史以及东北亚国际关系史的研究更加专业化。俄罗斯科学院远东研究所、东方学研究所、东方文库及莫斯科大学韩国学研究中心相继推出一系列俄朝关系史的专著和译著。在《远东问题》(Проблемы Дальнего Востока)、《东方》(Восток)、《历史问题》(Вопросы истории)、《西伯利亚问题》(Сибирские вопросы)、《俄罗斯与亚太》(Россия и АТР)、《亚洲学报》(Вестник Азии)、《移民问题》(Воп-

росы колонизации）等杂志上连续发表该领域的文章。

此时，学者们改变了以往以政治为中心的导向，广泛使用解密档案，使研究更加深入、客观。其中最具代表性的学者有以下几位。

a）Н. Ф. 布盖（Н. Ф. Бугай）。2004 年，在朝鲜人向俄罗斯迁移 140 周年之际，Н. Ф. 布盖与 Б. Д. 朴共同出版《在俄罗斯的 140 年——俄罗斯朝鲜人历史纲要》（*140 лет в России. Очерк истории российских корейцев*）。著作不仅将朝鲜人向俄国移民的具体时间确定为 1864 年，还运用大量档案文献和资料探讨了俄国朝鲜人历史的诸多方面，例如，朝鲜人的经济活动、宗教文化，以及积极参与 1917 年革命、在国民战争年代参与游击运动等。作者认为，朝鲜人是建立社会主义国家农庄运动和新文化的参与者、朝鲜移民在俄国民族同化政策的影响下，依然保存了自己独特的民族文化。此外，Н. Ф. 布盖不仅局限于俄国时期，还关注了俄罗斯纵向历史时空下的朝鲜移民问题，撰写了一系列关于苏联朝鲜人、独联体朝鲜人的著作和文章，特别探讨了远东地区朝鲜移民的强迁问题。① 例如，1995 年，Н. Ф. 布盖

---

① Бугай Н. Ф. О выселении корейцев из Дальневосточного края // Отечественная история. М., 1992. № 6; Бугай Н. Ф., Вада Харуки. Из истории депортации «русских корейцев» // Дружба народов. М., 1992. № 7; Он же. Тайное становится явным («Корейский вопрос» на Дальнем Востоке и депортация 1937 года) // Проблемы Дальнего Востока. 1992. № 4; Он же. Корейцы в СССР: из истории вопроса о национальной государственности. // Восток. 1993. № 2; Он же Насильственное переселение корейцев // Синие горы (Сейко). Токио, 1993. № 5. (на япон. яз.); Он же. Депортация корейцев в СССР: как это было // Iinbungakkai Kijo. Sapporo, 1994. № 52 (12) и № 55 (7) (на япон. яз.); Он же. Трагические события не должны повториться (к вопросу о положении корейцев в СССР в 30-е годы) // Актуальные проблемы российского востоковедения. М., 1994; Он же. Выселение（转下页注）

《贝利亚、斯大林：根据你们的指令……》(Л. Берия-И. Сталину: Согласно Вашему указанию…) 运用大量新解密的文献和档案，包括内务人民委员会、克格勃、内务部、国家安全部的档案，阐述了 20 世纪 30~40 年代对波兰人、朝鲜人、车臣人、保加利亚人等民族的镇压事件；同年，Н. Ф. 布盖在首尔出版韩语著作《迁移所有朝鲜居民……莫洛托夫、斯大林》(Переселить все корейское население… В. Молотов. И. Сталин)，从政府视角解读朝鲜人强迁的原因；在《社会同化与民族动员（俄国朝鲜人的经验）》[Социальная натурализация и этническая мобилизация (Опыт корейцев России)]一书中，Н. Ф. 布盖揭示了不为人知的向伏尔加格勒省阿斯特拉罕周边进行迁移的朝鲜人历史；Н. Ф. 布盖与申洪云（Сим Хонёнг）合著的《俄国朝鲜人的社会融合》(Общественные объединения корейцев России. Ко-

---

（接上页注①）корейцев с Дальнего Востока. // Вопросы истории. 1994. № 5; Он же. Переселить все корейское население… И. Сталин. Сеул, 1996. (на кор. яз.) ; Он же. Социальная натурализация и этническая мобилизация (Опыт корейцев России). М., 1998; Реабилитация народов России / Мин-во по делам федерации и национальностей РФ. М., 2000; Он же. Российские корейцы: новый поворот истории. (90-егоды). М., 2000; Он же. Российские корейцы и политика «солнечного тепла». М., 2002; Пак Б. Д., Бугай Н. Ф. 140 лет в России. Очерк истории российских корейцев. М., 2004; Бугай Н. Ф. Корейское этническое меньшинство в Союзе ССР (России): проблемы репрессий. 1930 – 1940-е годы. (120-летие сеульской конвенции и140-летие добровольного переселения корейцев в Россию) /Информационный бюллетень. Спец. выпуск. М., 2004. № 6; Он же. Проблемы реабилитации этносов Союза ССР в Российской историографии / История и историки. М., 2004; Бугай Н. Ф., О Сон Хван. Испытание временем. М., 2004; Бугай Н. Ф. «Третья Корея»: новая миссия и проблемы глобализации… М., 2005; Он же. Корейцы стран СНГ: общественно-географический «синтез» (начало XXI века). М., 2007; Бугай Н. Ф., Мамаев М. И. Турки-месхетинцы: Грузия, Узбекистан, Россия, США. М., 2009.

нституитивность，эволюция，признание.）探讨了多民族国家中少数民族的地位和作用，以及他们与其他民族的相互关系问题；在《第三个朝鲜：新的使命和全球化问题……》（Третья Корея：новая миссия и проблемы глобализации…）中，作者分析了俄罗斯的朝鲜移民，以及生活在独联体其他国家朝鲜移民的地位和作用。

2007年是朝鲜移民从远东强迁至中亚哈萨克斯坦共和国70周年，Н. Ф. 布盖出版了《独联体国家的朝鲜人：21世纪初社会—地理的结合》［Корейцы стран СНГ：общественно-«географический синтез»（начало XXI века）］。作者继续研究了在此前《第三个朝鲜：新的使命和全球问题……》（Третья Корея：новая миссия и проблемы глобализации…）中提出的问题，并补充了相关资料，着重叙述了19世纪对朝鲜移民的重新安置，以及20世纪30~40年代对朝鲜移民的驱逐问题。Н. Ф. 布盖使用了不同的研究方法，包括已在20世纪20年代被苏联学者抛弃的社会—地理综合方法，客观评价了重新安置地区的朝鲜移民对社会经济发展做出的贡献。

b）Б. Д. 朴（Б. Д. Пак）。Б. Д. 朴是俄罗斯的朝鲜族人（亦称高丽族人），长期从事俄朝关系史以及俄国朝鲜移民问题研究，并出版一系列相关著作。例如，《俄国与朝鲜》（Россия и Корея）、《苏联时期的朝鲜人（1917年—20世纪30年代末）》［Корейцы в Советской России（1917-конец 30-х гг.）］、《一战前朝鲜人民的解放斗争》（Освободительная борьба корейского народа накануне Первой мировой войны）、《俄帝国的朝鲜人》（Корейцы в Российской империи）

等。在《俄帝国的朝鲜人》中，作者运用大量档案资料，论述了朝鲜人向俄国远东地区移民的原因、社会—经济和法律地位、朝鲜移民参加反沙皇革命运动和争取朝鲜独立的反日斗争等问题。在《苏联时期的朝鲜人（1917年—20世纪30年代末）》一书中，Б. Д. 朴叙述了朝鲜人自1917年苏维埃政权建立到从远东地区强迁至哈萨克斯坦等中亚共和国的历史，全面考察了在苏朝鲜移民的经济、政治和法律地位。

2006年，Б. Д. 朴在俄罗斯科学院远东研究所出版了《俄罗斯、共产国际和朝鲜解放运动（1918—1925）——论文集、文献、资料》（*СССР, Коминтерн и корейское освободительное движение. 1918 - 1925. Очерки, документы, материалы.*）。作者在此前尚未解密的中央和地方档案资料的基础上，考察了远东一些社会组织的活动，以及在朝鲜民族解放运动中俄国与共产国际的政策。

c）А. И. 彼得罗夫。А. И. 彼得罗夫亦是对朝鲜移民问题较为关注的俄罗斯学者。其代表作有：《俄国远东的朝鲜移民（19世纪60年代—90年代）》（*Корейская диаспора на Дальнем Востоке России 60 - 90-е годы XIX века*）、《俄国远东的朝鲜移民（1897—1917）》（*Корейская диаспора на Дальнем Востоке России 1897 - 1917 гг.*）。彼得罗夫通过这两部著作，对十月革命前俄国远东地区的朝鲜移民进行了全面、系统的研究，其中包括朝鲜人向俄国移民的背景，俄国对朝鲜移民的政策，朝鲜移民聚居区的形成，以及朝鲜移民的经济、政治活动和文化教育状况等。他还发表了相关论文：《俄远东朝鲜人的国际法律地位（1860—

1897）》（*Международно-правовое положение корейцев на Дальнем Востоке России 1860－1897 гг.*）(《俄国远东的海关政策》2000 年第 1 期)、《1860—1917 年俄国远东朝鲜移民》（*Корейская иммиграция на Дальний Восток России в 1860－1917 гг.*）(《俄罗斯科学院远东分院院报》1998 年第 5 期)、《朝鲜移民到俄国是何时开始的?》(*Когда же началась корейская иммиграция в Россию?*)(《俄罗斯与亚太》2000 年第 2 期)。作者从法律地位、移民时间等问题入手，对 19 世纪末 20 世纪初俄国远东地区的朝鲜移民问题展开了全面研究。

d）140 周年系列纪念成果。2004 年是朝鲜人向俄罗斯移民 140 周年，2004 年第 4 期的《民族评论》杂志刊登了一系列有关俄罗斯朝鲜移民问题的论文。例如，丘涅尔《远东边区的朝鲜人》（*Корейцы в Дальневосточном крае*）、沃尔科娃《俄罗斯朝鲜人的自我认知问题》（*Российские корейцы：К вопросу о самоидентификации*）、列谢多夫《丘涅尔关于俄国远东边区朝鲜人的文章》（*О статье Н. В. Кюнера "корейцы в Дальневосточном крае"*)。

2001 年，俄罗斯曾出版远东历史档案文献汇编《俄国远东朝鲜人（19 世纪下半叶—20 世纪初）》[*Корейцы на российском Дальнем Востоке（вт. пол. XIX-нач. XX вв.）. Документы и материалы*]。该书使读者了解了俄国政府对滨海省朝鲜移民政策的调整过程和不同阶段采取的措施，其中包括限制非法移民、反对朝鲜国民参与民族解放斗争等。2004 年，又出版第二编《俄国远东的朝鲜人（1917—1923）》[*Корейцы на российском Дальнем Востоке（1917－*

1923 гг.)]。该文献揭示了朝鲜移民为朝鲜独立所进行的斗争，以及苏联政府移民政策调整的本质，对朝鲜移民的革命斗争及其作用展开了评价。同年，俄罗斯科学院远东分院《苏联的朝鲜人：苏联出版的资料1918—1937》（Корейцы в СССР. Материалы советской печати 1918 – 1937 гг.）肯定了朝鲜人在远东地区社会经济文化建设和苏维埃政权建立过程中做出的贡献。

e) 其他学者的相关成果。С. Г. 纳姆（С. Г. Нам）出版了小册子《朝鲜民族区》（Корейский национальный район）。作者首先关注了1920~1930年国家行政机构设立朝鲜民族区问题。在丰富的历史资料的基础上分析了朝鲜民族区创建和存在的过程。他的另一部著作《俄罗斯朝鲜人：历史与文化》（Российские корейцы: история и культура）描写了远东朝鲜人文化生活发生的改变，搜集了教育、新闻界、朝鲜人传统与习俗方面的大量资料。2006年，金仁苏（Ким ЕН-СУ）的《19世纪末俄朝关系史》（История корейско-русских отношений в конце XIX в）在研究19世纪末俄朝关系史时部分涉及了朝鲜移民问题。而在其同年出版的《20世纪初俄国对朝鲜人问题的政策及阿穆尔沿岸地区的朝鲜移民问题》（Политика России в корейском вопросе и проблема переселения корейцев в Приамурский край в начале XX в）中，则详细探讨了20世纪初阿穆尔沿岸地区的朝鲜移民问题，并侧重俄国对朝鲜移民的政策研究。

②关于俄罗斯远东地区外国移民问题或移民政策研究

俄罗斯学者在研究远东外来移民或亚洲移民时，往往会涉及朝鲜移民。例如，1994年阿列普卡出版的《19世纪末20世纪初朝鲜和中国移民对俄国远东发展的影响》(*Влияние корейской и китайской миграции на развитие русского Дальнего Востока в концеXIX-началеXXвв.*)、涅斯捷洛娃的《19世纪下半叶阿穆尔沿岸地区俄国、朝鲜和中国移民的相互影响问题》[*Проблемы взаимодействия русского, корейского и китайского колонизационных потоков в условиях Приамурья (вторая половинаXIXв)*]和《俄国政府与远东南部的中国移民(19世纪下半期—20世纪初)》[*Русская администрация и китайские мигранты на юге Дальнего Востока (вторая половинаXIX-началоXXвв)*],以及波兹涅科的《外国人转入俄国国籍的法律政策和远东地区的形势(1860—1917)》[*Переход иностранцев в российское подданство Прававые аспекты и ситуация в дальневосточном регионе (1860 - 1917)*]、《中国和朝鲜移民在西伯利亚和远东的现实性》(*Аккультурация китайских и корейских имгранты в Сибирии на Дальнем Востоке*)、《俄国远东城市中的外国移民(19世纪末—20世纪初)》[*Иностранные подданные в городах Дальнего Востока России (вторая половинаXIX-началоXXвв)*]等。这些著作对远东地区的中国移民、其他亚洲移民等进行了深入考察,为我们研究朝鲜移民问题提供了参考和借鉴。

1995年瓦洛霍娃出版了《20世纪初关于限制朝鲜人和中国人向俄国远东移民出台法律的尝试》(*Попытки принятия закона о регулировании китайской и корейской иммиграции на русский Дальний Восток в началеXXв*),1996年其又在《远东问题》上发表文章《俄国远东的中国移民和朝鲜

移民（19世纪末20世纪初）》（Китайская и корейская иммиграция на российский Дальний Восток в конце XIX - начало XX вв）。作者以大量史料为基础，不仅对19世纪末20世纪初俄国远东地区的朝鲜移民进行了考察，更从法律层面对俄国政府的移民政策进行解读。

③苏联时期朝鲜移民被镇压的历史研究

对于这一问题，有大量档案文献可供参考。其中，俄联邦国家档案馆（Государственный архив Российской Федерации, ГАРФ）中存有大量朝鲜劳动者的信息。俄罗斯国家社会政治历史档案馆（Российский государственный архив социально-политической истории, РГАСПИ）亦有大量关于联共（布）朝鲜移民的宝贵资料。俄罗斯国家军事档案馆（Российский государственный военный архив, РГВА）保存了关于红军中和战争时期的朝鲜人资料，甚至包括1937年8月朝鲜共产党人的人事名册、朝鲜红军的人数等信息。俄罗斯国家经济档案馆（Российский государственный архив экономики, РГАЭ）同样保存了许多重要资料，例如，1928～1933年五年移民计划和措施、边区和州的移民措施和安置情况等。

随着大量档案的出现，关于20世纪30～40年代朝鲜移民的强迁问题有了更为系统的研究。1992年出版了《30—40年代俄国朝鲜居民迁移白皮书》（Белая книга о депортации корейского населения России в 30 - 40-х гг.）。1997年，又出版了第二本同名著作。该书在档案文献的基础上，既描述了沙俄时期朝鲜移民的历史，也分析了1937年朝鲜移民遭遇强迁的原因。1993年，库津（А. Кузин）在南萨哈林出版了《远东朝鲜人：生活和悲剧的命运》（Дальневосточные корейцы. жизнь и трагедия судьбы），其中附录了1936年秋被驱逐出萨哈林的朝鲜人名册，很大程度上推进了这一问题的研究进程。1997年是朝鲜移民强迁60周年，莫斯科出版了《纪念书》，其中含有"1937年被驱逐的朝鲜人档案名册"（Архивные списки депортированных российских корейцев в 1937 г.）。在《朝鲜人——苏联政治压迫的牺牲品1934—1938年》（Корейцы-жертвы политических репрессий в СССР. 1934 - 1938）中，包含6385名被镇压的朝鲜人信息。这些文件汇编的科学价值不仅在于为这一研究提供了大量史料，还揭开了1920~1950年苏联朝鲜人鲜为人知的历史。

在东方主义问题上，В. Ф. 李（В. Ф. Ли）做出了巨大贡献。他的著作不仅享誉俄罗斯，在欧美也备受认可。《欧亚地缘政治中的俄罗斯与朝鲜》（Россия и Корея в геополитике Евразийского Востока.）阐述了20世纪30年代下半叶苏联远东的镇压事件，并指出20世纪30年代的政府政策造成了朝鲜人的断层，促使其与没有被镇压的其他民族相比更为落后。2001年莫斯科大学出版了白恩根（Бэ Ынгён）的著作——《苏联朝鲜人历史纲要（1922—1938）》[Краткий очерк истории советских корейцев（1922 - 1938）]①。作者运用大量新的档案文献和西方历史学家的资料，阐述了苏联远东朝鲜人社会历史概况，并关注了朝鲜人被驱逐和在

---

① Бэ Ынгён（Бэ Ын Гиёнг）. Краткий очерк истории советских корейцев（1922 - 1938）. М., 2001; Она же. Советские корейцы в 20 - 30-е годы XX века. （К историографии темы）. М., 1998.

新生存条件下的适应问题。作者从内、外两方面详细分析了国家领导层强迁大量远东朝鲜移民的原因：外因上，20世纪30年代中期，远东出现了来自日本方面的军事威胁，官方将朝鲜人视为不安定因素；内因上，为了缓解朝鲜移民与当地政权之间的冲突，以及解决中亚各国国民经济发展中的劳动力短缺问题。

关于苏联朝鲜人的文章主要刊登于以下报刊：《真理报》（*Правда*）、《消息报》（*Известия*）、《太平洋之星》（*Тихоокеанская звезда*）、《红旗》（*Красное Знамя*）、《阿穆尔真理报》（*Амурская правда*）、《先锋队》（*Авангард*）、《苏共中央委员会消息报》（*Известия ЦК КПСС*）、《历史档案》（*Исторический архив*）、《军事—历史档案》（*Военно-исторический архив*）、《军事历史杂志》（*Военно-исторический журнал*）、《历史问题》（*Вопросы истории*）、《祖国历史》（*Отечественная история*）等。

④中亚朝鲜人的历史研究

苏联解体后，出现了对哈萨克斯坦、乌兹别克斯坦朝鲜人历史的研究。1995年卡纳（Г. В. Кана）的著作《哈萨克斯坦朝鲜人历史》（*История корейцев Казахстана*）在翔实的文献基础上，详细考察了哈萨克斯坦朝鲜人的历史活动。他将被迫迁至哈萨克斯坦的朝鲜人的生活分成两个阶段：第一个阶段从1937年秋天到1938年春天；第二个阶段从1938年春至90年代，作者还着重探讨了现代条件下朝鲜人社会文化生活的复兴问题。吉玛（Г. Н. Кима）和梅纳（Д. В. Мена）合著的《哈萨克斯坦朝鲜人历史和文化》（*История и культура корейцев Казахстана*）在大量档案资料基础上,揭示了哈萨克斯坦的朝鲜人历史,其中涉及从远东地区强迁至此的朝鲜人的经济活动、民主化进程、从事职业等内容,展示了朝鲜人物质生活和精神文化全貌。

2. 其他国家

(1) 欧美学界。俄罗斯境内的朝鲜移民问题,亦是欧美历史学家关注的焦点。1954 年,英国学者高拉尔兹(Walter Kolarz)撰写《苏维埃远东居民》(*The People of the Soviet Far East*)对俄国远东朝鲜移民问题展开系统研究,包括其经济活动、文化适应、生产活动、民族运动,以及学校发展、艺术和文学等。著作按时间顺序叙事:1917 年俄国朝鲜人、1917~1937 年苏联朝鲜人、1937 年向中亚的迁移、二战和战后年代(1941~1957)、萨哈林的朝鲜人、60 年代的朝鲜人。文中着重关注了萨哈林朝鲜人的政治状况和命运。

1987 年,夏威夷大学朝鲜学中心出版的《苏联朝鲜人》(12 卷本)(*Koreans in the Soviet Union*) 是欧美关于苏联朝鲜人历史的代表作之一。金池勇(Kim Chi-Yon)著《俄罗斯的朝鲜人》(*Koreans in Russia*)和崔申熙(Choi Seung-Hee)著《朝鲜人:在俄罗斯的朝鲜人》(*North Korean People: Koreans, North Koreans in Russia*) 均对在俄朝鲜人进行了考察。此外,亦有学者特别关注苏联民族政策下朝鲜人的命运,并运用大量档案资料,将目光聚焦于朝鲜人的强迁问题。例如,Russell, Jesse 的《驱逐在苏联的朝鲜人》(*Deportation of Koreans in the Soviet Union*)。

(2) 韩国学界。20 世纪 60~70 年代,韩国学术界出现了一系列关于朝鲜移民史的研究著作。例如，玄奎焕的《韩国流移民史》（语文阁1967年）和高承济的《韩国移民史研究》（章文阁1973年）。两部著作对韩国的流移民进行了综合性研究，包括亚洲、美洲和欧洲的韩国移民，其中涉及了俄国的朝鲜移民问题。1989年，郑泰秀将苏联学者金森华（Ким Сын Хва）的《苏联朝鲜人历史纲要》一书译成韩文并出版，这部著作呈现了苏联朝鲜人政治、经济以及文化生活的全景。

苏联解体后，随着大量档案解密，韩国学术界也掀起了俄、苏朝鲜移民（韩国移民）史的研究热潮。韩国独立协会编《俄罗斯境内的韩民社会与民族运动史》（러시아지구 한인사회와 민족운동사.문교사，1994）、朴欢的《在苏朝鲜人民族运动史》（재소한인민족운동사.한국국학자료원，1996）、韩国民族运动史研究会的《韩民族与民族运动史》（한민족과민족운동사.한국국학자료，1998）等，均运用了在俄国出版的朝鲜语报纸等资料，揭开了俄国远东地区朝鲜移民的民族解放运动和反日游击斗争的壮阔史篇。

近几年，韩国学者对俄国朝鲜移民的历史研究又出现了新热度，涌现出一批研究者，例如：权珠亚（Квон Чжу-янг）[①]、柳池延（Ю Чжиён）[②]、方日权（Пан Ильквон）[③]、

---

① Kwon Joo Young, "Structure and Operation of Koryoin Kolkhoz in Central Asia", Seoul, 2006.
② Ю Чжиён. Образование корейского сообщества в Центральной Азии. 1938 – 1953. Сеул，2006. （중앙아시아 고려인 사회 연구，1938 – 1953 <렌닌기치> <렌닌기치>의 기사를 중심으로.유지윤.서울 2006.）
③ Пан Ильквон. Корейцы Средней Азии-общество и образование. 1938 – 1953. Сеул，2006. 중앙아시아 한인 사회와 교육 1930 – 40 년대.방얼권.Сеул，2006.

李海先（Ли Хесын）①、金朝玄（Ким Чжонхён）、张伍权（Чжан Уквон）、金镐吉（Ким Хонгиль）②。这些学者更关注苏联的民族政策、被殖民之后俄国朝鲜人的命运、朝鲜人在经济和文化领域的活动以及他们的独立和民族意识等问题。

潘柏纽（Пан Бённюль）长期从事俄国境内朝鲜人反日运动研究。《新韩区与俄国的朝鲜人社会》（Слободка Синханчхон и корейская община в России）一书客观评价了第一批在符拉迪沃斯托克安居的朝鲜人的作用和地位。作者认为，政治、经济以及国际关系等多方因素，迫使朝鲜人移居到"满洲"和俄国，例如，伊尔库茨克、赤塔、布拉戈维申斯克、哈巴罗夫斯克等地。朝鲜人以此为根据地，积极开展反日民族斗争。申镐荣（Сим Хонёнг）的《朝鲜人向俄国移民史，现代解读》（История переселения корейцев в Россию. Современное осмысление）认为，1930年俄国经济政治形势异常复杂，朝鲜人试图维护自己的民族认同，在这一前提下，俄国朝鲜人命运与苏、日复杂的关系纠缠在一起。韩国研究者元上万（Юн Санвона）在其博士论文《朝鲜人在俄国境内反日游击斗争（1918—1922）》［Исследование партизанской борьбы корейцев против японцев на территории России. （1918 - 1922）］中指出，韩国历史学家

---

① Ли Хесын. 1930 – 1980 гг. : советские корейцы в прессе, культуре, образовании. （1930 – 1980）. Сеул, 2005. 1930년대 중반-1980년대 중반 중앙아시아 고려인의 언안문, 공압, 문화. 이혜승. 서울. 2005.
② Ким Чжонхён, Чжан Уквон, Ким Хонгиль. Что способствало сохранению корейского языка у российских корейцев. Сеул, 2005. 러시아에서의 고려인이 생산한 한글정보자원에 관한 연구. 김정현；장우권；김홍길. 서울. 2005.

对俄国历史以及俄国朝鲜人历史的关注没有减弱,特别是俄国境内朝鲜移民的反日斗争问题。作者主要依靠俄国和苏联学者的研究成果以及档案资料,揭示了朝鲜人组成的游击队在俄国的活动,对其作用和意义进行客观评价,同时,揭开了1920～1940年苏联朝鲜人不为人知的历史。

(二) 国内研究现状

我国学术界,关于俄国远东地区中国移民问题的研究相对丰富,而有关朝鲜移民的研究十分有限,目前未见相关著作出版,仅有部分论文涉及俄国的朝鲜人问题。

1. 俄国远东朝鲜人问题

初祥《俄罗斯远东朝鲜人的命运》(《西伯利亚研究》1997年第6期) 以时间为线索,阐述了远东朝鲜人的命运,即从19世纪60年代朝鲜人向俄国迁移,到20世纪30年代被苏联政府强迁至中亚,再到20世纪50年代身份被恢复近百年的历史。陈秋杰在2005～2007年的《西伯利亚研究》上发表了关于俄国朝鲜人的系列文章,对其经济、政治以及文化生活进行了细致考察。其中包括:《十月革命前朝鲜人向俄国远东地区迁移述评》《十月革命前俄国远东朝鲜人的经济活动》《十月革命前俄国远东朝鲜人的政治活动》《十月革命前俄国远东朝鲜人的文化生活》;延边大学教授朴昌昱在2000～2001年的《东疆学刊》上亦发表系列论文:《1937年以前在俄国沿海州的朝鲜人》《1937年以前在俄国沿海州的朝鲜人二》《1937年以前在俄国沿海州的朝鲜人三》《1937年以前在俄国沿海州的朝鲜人四》。朴昌昱教授主要运用日文和韩文资料,分6个阶段对1860～1937年俄国沿海州(滨海省)的朝鲜人进行了全面考察。其中涉及朝鲜人向俄国远东移民的原因,俄国对朝鲜移民的政策,朝鲜人在俄国的经济、政治活动,包括十月革命后苏联时期俄国朝鲜人政治活动等。

此外,还有苏武《俄罗斯的朝鲜移民》[(台湾)《历史月刊》2000年第10期];庞宝庆、巩树磊《苏联强制迁移远东朝鲜人问题析论》(《西伯利亚研究》2009年第6期);金信河《苏联朝鲜人社会》(《民族译丛》1983年第6期);吴清达、吴有纪著,柳春旭译《在外朝鲜人(族)的现状(上)——在中国、独联体、美国朝鲜人(族)的现状》(《黑龙江民族丛刊》1996年第1期);《在外朝鲜人(族)的现状(下)——在日本朝鲜人的现状》(《黑龙江民族丛刊》1996年第2期);潘晓伟、黄定天《1863—1884年俄国境内朝鲜移民问题》(《人口学刊》2011年第2期);潘晓伟《1884—1905年俄国对境内朝鲜人的政策》(《俄罗斯学刊》2013年第5期);姜占民《19世纪末20世纪初俄罗斯阿穆尔河沿岸地区开发中的朝鲜人》(《黑河学院学报》2018年第9期)等文章均对在俄朝鲜移民的生活以及社会状况进行了研究。

2. 俄国东部移民问题

我国关于在俄朝鲜人问题的研究虽然薄弱,但一些论文关注到了俄国的东部移民、西伯利亚远东移民等问题,这为理解俄国远东移民政策的制定与调整提供了有力支撑。例如,刘爽《帝国主义时期俄国的社会结构与西伯利亚移民运动》(《北方论丛》1988年第2期);戈留什金著,宋嗣喜译《十九世纪下半叶至二十世纪初叶的西伯利亚移民运动与人口》(《西伯利亚研究》1991年第3期、第4期);

赵海燕《俄国远东移民的历史过程》(《黑龙江社会科学》1995年第4期);初祥和赵杰《关于俄国征服西伯利亚问题的研究》(《西伯利亚研究》1997年第1期);王国杰《20世纪初期远东地区的俄国移民问题》(《史学集刊》1997年第2期);王晓菊《斯托雷平改革时期俄国东部移民运动》(《西伯利亚研究》1999年第3期);王丽恒《沙俄的远东移民政策》(《北方文物》2001年第1期);盖莉萍《俄罗斯远东联邦区的人口与移民问题研究》[《东北农业大学学报》(社会科学版)2007年第1期]等。

目前,虽然我国尚未出版俄国朝鲜移民的相关著作,有关俄国东部开发、移民等方面的学术专著可为本书撰写提供参考。例如,徐景学《俄国征服西伯利亚纪略》(黑龙江人民出版社,1984)和《苏联东部地区开发的回顾与展望》(东北师范大学出版社,1988)、邵丽英《改良的命运——俄国地方自治改革史》(社会科学文献出版社,2000)、王晓菊的《俄国东部移民开发问题研究》(中国社会科学出版社,2003)等,这些著作提供了俄国开发远东的宏大背景,有助于更好地把握俄国对外国移民政策的制定与演变。

3. 俄国通史、朝鲜通史以及国际关系史相关研究

这些研究亦可为本书写作提供背景支持。例如,孙成木《俄国通史简编》(人民出版社,1986);白建才《俄罗斯帝国》(三秦出版社,2000);曹维安《俄国史新论》(中国社会科学出版社,2002);张建华《俄国史》(人民出版社,2004);曹中屏《朝鲜近代史》(东方出版社,1993);金成镐《朝鲜近代史研究》(延边大学出版社,1996);朴

真奭《朝鲜简史》(延边大学出版社,1998);金光洙和金龟春《朝鲜通史》(延边大学出版社,1997)等。此外,崔丕《近代东北亚国际关系史研究》(东北师范大学出版社,1992)、黄定天《东北亚国际关系史》(黑龙江教育出版社,2003)、《战后东北亚国际关系史研究》(社会科学文献出版社,2018)均系东北亚国际关系史研究著作,为在东北亚国际关系视阈下研究俄国朝鲜移民政策问题提供可贵参考。

综上所述,国外学者对朝鲜移民问题的研究较为充分,而国内的研究略显匮乏。虽有学者关注到在俄朝鲜人的经济活动、政治地位和生活状况等相关问题,但较少触及俄国对朝鲜移民的政策,特别是将其置于东北亚国际关系背景下进行综合考察。

三 研究价值

第一,俄国远东地区既是世界历史上地缘政治的枢要区域,亦是东北亚国际关系的重要构成,这一地区的移民问题,具有特殊性、复杂性和跨国性等特点。朝鲜移民作为东北亚移民的代表,属于跨国界的特殊社会群体,在俄国远东开发,以及促进东北亚地区文化交流、互助合作等方面所发挥的作用值得深入探索与思考。

第二,这一问题的研究不仅具有学术价值,还具有一定的现实意义。当今,居民的跨国流动现象成为不可回避的现实,从而使各主权国家不得不面对国家安全、社会秩序、文化冲突等各种挑战。移民的流动势必与移入国的文化、语言、宗教、生活习俗等社会根基产生碰撞,这种民族差异与经济利益、国际关系、社会安全等因素交织在一起，往往催生极端的表现形式。这一问题对当今主权国家更加完善现代国家政治生活中的民族政策，增加社会融合具有重要意义。

第三，朝鲜移民是东北亚移民的重要组成，从俄国对境内朝鲜移民的政策可探寻俄国对东北亚移民的整体政策脉络，亦可揭示东北亚地区发展是各国经济、文化、社会等因素相互嵌入、互补互动的过程，更是各国政治力量长期演化博弈的结果。通过历史经验与逻辑解释的结合，探索影响东北亚区域合作的历史渊薮及深层次结构性因素，为在新的历史条件下探寻东北亚区域合作路径，促进东北亚各国文化交流，建立东北亚多边互助合作机制提供历史参考与借鉴。

第一章　俄国对朝鲜移民政策缘起（1860～1882）

19世纪60年代，由于政治、经济、自然灾害等因素，部分朝鲜人选择逃离祖国，向外寻找新的栖息地。而俄国远东地区凭借地缘优势以及开放的移民政策，吸引了大量朝鲜农民迁移至此。

第一节　朝鲜人向俄国移民的肇始阶段

一　朝鲜人向俄国移民的最初记载

关于朝鲜人向俄国移民的时间，国内外史学界众说纷纭。① 部分俄罗斯学者和韩国学者将移民时间认定为19世纪50年代。例如，俄罗斯著名史学家纳姆认为，朝鲜人定居滨海省始于19世纪50年代初期，在1860年《中俄北京条约》签订后，俄国土地上留有朝鲜人5130人（761个家

---

① 比较有参考价值的资料主要有三个：一是俄国滨海省政府提供的官方统计资料；二是俄国滨海省和阿穆尔省朝鲜人村和乡的家庭名册；三是十月革命前或者历史事件同时代人的作品，以及阿穆尔沿岸边区俄国行政人员、官员的著作。

庭），他们生活在28个哥萨克据点。①

由此可见，早在19世纪50年代，滨海地区便有朝鲜人出现，但由于领土主权问题，这一时期并不在本书研究范围之内。本书主要关注1860年远东大片领土正式并入俄国后朝鲜人向该地区的移民问题。1860年，《中俄北京条约》签订后，清政府不仅确认了《瑷珲条约》的全部内容，又进一步割让了乌苏里江以东约40万平方千米的领土。随后，俄国在波谢特湾建立了诺夫哥罗德哨卡，许多来自朝鲜边境城市罗津的朝鲜人主要通过这一哨卡进入俄国。

1863年，一批朝鲜人秘密从朝鲜迁入俄国远东的棘心河流域，人数并不确定，有的资料显示是14户②，亦有资料显示20户③。关于俄国远东地区朝鲜人的第一份官方报告，是1863年11月30日诺夫哥罗德哨卡长官梁赞诺夫中尉向滨海省军事总督卡扎科维奇进行的汇报，其中写道："一些朝鲜人提出申请，要在棘心河流域距诺夫哥罗德哨卡15千米的地方定居下来，他们在那儿已经建成5、6间房屋，同时，还要求派5名士兵来保护他们的安全。如果俄国人可以提供安全保证，朝鲜人准备再迁来100户家庭。"④第二份更为详细的官方资料是1864年9月21日梁赞诺夫再次向卡扎科维奇递交的报告，其中主要介绍了朝鲜人的劳

---

① НамС. Г. Корейский национальной район. М. , 1911. С. 11.
② Докладная записка исполняющего должность инспектора линейных батальонов Восточной Сибири, расположенных в Приморской области, полковника Ольденбурга 25 сентября 1864 г. , г. Николаевск (документ N 1) // Корейцы на российском Дальнем Востоке. С. 17.
③ Пак. Б. Д. Корейцы в Российской империи. Изд. 2-е, испр. Иркутск, 1994. С. 16.
④ Центральный государственный архив России и Дальнего Востока (ЦГА РиДВ), ф. 87, оп. 1, д. 278, л. 1

动生产状况,并申请允许朝鲜移民销售粮食、建立面粉厂,并为他们发放津贴,该申请最终获得批准。可见,虽然1863年朝鲜人已迁入俄国,但第二年才正式取得官方认可,因此,1864年成为朝鲜人向俄国移民被普遍认可的日期。

1864年9月26日,滨海省东西伯利亚军营督查奥尔登堡上校对第一批朝鲜移民的安置状况描述如下:"1864年,14户朝鲜家庭共65人已在夏天前建成了8间房屋,并开始耕地。他们妥善地安排自己的土地,种植了大麦、荞麦和15俄亩玉米。"① 截至1864年底,共有104名朝鲜人分散于4个村庄(见表1-1)。

表1-1 1864年俄国境内朝鲜移民数量

朝鲜人村名称	户数	居民数量		
		男性	女性	总数
棘心河	8	22	22	44
阿吉密	1	2	2	4
新 村	9	28	25	53
法塔石	1	2	1	3
总 数	19	54	50	104

资料来源:Составлено по Рагоза А. Посьетский участок//Сборник географических, топографических и стастических материалов по Азии. Вып. 45. СПБ., 1891. С. 124-127.

此后,朝鲜人开始散居在西吉密河和扬齐河岸边,那里后来出现了两个朝鲜移民聚居村——西吉密村和扬齐河村。至1867年,棘心河村、扬齐河村、西吉密村中共有朝

---

① Российский государственный исторический архив Дальнего Востока (РГИА ДВ). Фонд 87. Опись 1. Единица хранения 278. Листы 15-16.

鲜移民1801人，其中男性995人、女性806人。他们养殖323头牛和398头猪，耕种395俄亩土地。① 1869年9月末至10月初，又有1850名朝鲜人（男性1300人，女性550人）通过不同途径来到棘心河地区。② 1869年11月至12月初，越境的朝鲜人数已升至4500人。③ 此后，每年都有大批朝鲜人移居到俄国远东地区。

二 19世纪60年代朝鲜人向俄远东地区移民的背景

19世纪60年代，朝鲜人向俄远东地区的移民，不仅受当时国际关系的影响，更取决于俄国、朝鲜乃至中国的国内状况，这是综合因素作用下引发的一种国际移民现象。

首先，俄朝地缘相连为朝鲜人向俄国移民创造了先决条件。16世纪起，俄国开始越过乌拉尔山向东扩张，至19世纪中叶，俄国已统治西伯利亚、远东大片土地。1856年，俄国建立滨海省，管辖范围包括原堪察加省和黑龙江江口地区。然而，19世纪中叶，沙皇俄国借中国太平天国运动和第二次鸦片战争之机，迫使中国签订了一系列不平等条约。1858年、1860年中俄分别签订了《瑷珲条约》和《中俄北京条约》，俄国仅仅用了两年多的时间，便又

---

① Пржевальский Н. М. Путешествие в Уссурийском крае 1867 – 1869 гг. М., 1947. С. 299.
② Представление военного губернатора Приморской области генерал-губернатору Восточной Сибири. Николаевск, 30 ноября 1869 г. -ГАИО. Фонд24. Опись10. Единица хранения 202. К. 2107, Листы 11 – 12.
③ Петров А. И. Корейская иммиграция на Дальний Восток России в 1860 – 1917 гг. // Вести ДВО РАН. -Владивосток. 1998, № 5.

从中国东部割去了黑龙江以北、乌苏里江以东100多万平方千米的土地,"这块领土的大小等于法、德两国面积的领土和一条同多瑙河一样长的河流。"① "这是俄国历来从中国身上咬下并嚼咽的最大口。"② 《中俄北京条约》签订后,乌苏里地区包括海参崴等太平洋东岸具有重要战略意义的出海口划入俄国,致使滨海省南部边界延伸至图们江,图们江口成为俄国和朝鲜的国界。此时,滨海省的范围是北起北冰洋,南至朝鲜北部边界,地处北纬42~70度、普尔科沃东经100~160度。由此,滨海省南部边界推进至与朝鲜相接,为朝鲜人向俄国移民创造了地缘上的便利条件。

其次,朝鲜残酷的封建制度与自然灾害频发。14世纪,朝鲜半岛开始了李氏王朝的统治。在闭关锁国政策下,李氏王朝明令禁止本国人越境出国。1686年,朝鲜政府先后制定并颁布了《沿边犯越禁断事目》和《南北参商沿边犯越禁断事目》,其中《沿边犯越禁断事目》规定,对犯越者,无论采参还是打猎,无论首倡还是随从,务必在边境上立即枭示。《南北参商沿边犯越禁断事目》规定,犯越地区的守令、边将等发配三年,座首与兵房均流放于绝岛,边将如敢截留赃物不上缴,与赃物一并论罪。边将、守令如果不能揭发,经节度使发觉后,充军边远地区;节度使未能揭发,经监司发觉后,节度使免职;监司如不能揭发,免去监司职务;边民逃往清国后,守令罢黜,面长、里长

---

① 《马克思恩格斯选集》(第2卷),人民出版社,1972,第37页。
② 〔英〕奎斯特德:《1857—1860年俄国在远东的扩张》,陈霞飞译,商务印书馆,1979,第279页。

等杖一百,流放三千里。从 19 世纪初始,朝鲜政府便在北部边区设立 68 处守护把守站,其分布情况是:茂山 3 处、会宁 9 处、钟城 20 处、穆城 15 处、庆源 14 处、庆兴 7 处。① 这些把守站专门负责监视越江者,并对违法者予以逮捕,处以极刑。1864 年 6 月,咸镜道官员因被指控跨越俄朝边界,"被处死在图们江岸边,以对类似破坏法律的行为加以警示"②。

即便朝鲜采取了闭关锁国政策,仍有大量朝鲜人冒着生命危险,逃奔出国。究其原因主要有以下几点。

其一,朝鲜是山国,国土狭窄,耕地面积少,且土地贫瘠。

朝鲜西、北两道土地虽多,但少有平坦之地;而与中国和俄国接壤的北部地区大多是山岳地带,不适合种稻。与此同时,18~19 世纪朝鲜的人口增长速度较快,1835 年朝鲜的全部人口是 600.4 万人,而 1881 年达到了 1600.2 万人。③ 19 世纪 60 年代,朝鲜的人口数量大约是 1000 万~1200 万。至于与波谢特毗邻的朝鲜咸镜道,1860 年的居民数量大约是 30.9 万~51.6 万人。④ 这使朝鲜出现了地少

---

① 衣保中、房国凤:《论清政府对延边朝鲜族移民政策的演变》,《东北亚论坛》2005 年第 6 期。
② Ching Young Choe, The Rule of the Taewongun 1864-1873. Restoration in Yi Korea. Cambridge: Harvard University Press. 1972. P. 84.
③ Корея, страна отшельников Грифиса. (Пер. с английского лейб-гвардии Преображенского полка поручика Шипова)//Сборник географических, топографических и статистических материалов по Азии. Вып. 14. СПБ., 1885. C. 37.
④ Корея, страна отшельников Грифиса. (Пер. с английского лейб-гвардии Преображенского полка поручика Шипова)//Сборник географических, топографических и статистических материалов по Азии. Вып. 14. СПБ., 1885. C. 24.

人多的现象①，朝鲜农民的生活日益窘困。

其二，处于封建中央集权制度下的朝鲜，上层奢侈腐化，汉城皇室及其家族生活极尽奢华，宫廷和政府经费出现大量亏空。在大院君掌权时期，为了加强王权，树立威信，历时3年重建了景福宫，这个雄伟的建筑最终耗费了约2500万两和大量的人力物力。② 而诸如外交使节团的接待费、各种赔款、王室费用等开支激增，也加速了国家财政的亏空。财政危机最终转嫁到下层农民身上，朝鲜政府除独断专横地暴敛内税，还随时炮制许多新的国家和地方税种，这些税款的数额大大超过了普通农民的承受能力。无休止的盘剥导致农民走投无路，迫使其纷纷出逃寻找生路。

1885年，滨海省总督办公室官员达杰什卡里安公爵在周游朝鲜后提出，好像朝鲜移民来到我们这儿是因为人口多、土地紧缺。但事实上，朝鲜的领土面积比意大利大，与英国相当，而意大利人口是2800万人，英国的人口则是3500万人。与之相比，朝鲜仅有1100万人，人口不算特别密集。因此，达杰什卡里安认为，人口多、土地紧缺并不是朝鲜人向外移民最主要的原因，主要原因在于"朝鲜残酷的封建压迫"。正如普尔热瓦尔斯基提到的，朝鲜半岛密集的人口和那里由于赤贫、专制、束缚而正在发展起来的大量民众，最终促使他们涌入俄国大片肥沃的未开垦的土地。

其三，自然灾害频发。1860~1869年，朝鲜北部遭遇

---

① История Кореи（с древнейших времен до наших дней）. В 2-х т. М.：Наука，1974. Т. 1. С. 302.
② 朝鲜民主主义人民共和国科学院历史研究所：《朝鲜通史》（下册），吉林人民出版社，1975，第12页。

连年自然灾害，仅1860年8月发生的水灾便使朝鲜北部部分市县被水淹没。1866年春和1869年夏，朝鲜又经历了严重的洪灾；1869年秋天遭遇罕见霜冻；1870年再遭严重的旱灾和虫灾。灾害频发造成大面积饥荒，饥民丛生，饿殍遍道。在极端恶劣的自然条件下，朝鲜民众的生活难以为继，扶老携幼，不顾禁令，逃出国境。

再次，中国清朝政府的封禁政策。在朝鲜人逃离祖国之时，与朝鲜毗邻的中国亦是朝鲜人选择的迁移之地，但19世纪60年代，清政府实施封禁政策，大量朝鲜人被迫选择了移民政策更为宽松的俄国。

明末清初，朝鲜人由于挖参、狩猎等原因，曾越境进入中国领土。1605年，努尔哈赤的建州卫就曾与朝鲜针对朝鲜人越境问题达成协议。当时申明：一旦发现渡江者——鸭绿江、图们江，双方要立即捉拿并遣送给对方。可见，当时中、朝两国大体以鸭绿江和图们江为界，并明令实施边禁政策。1627年，后金与朝鲜在江华岛缔结了《江都会盟》，两国决定以鸭绿江、图们江为界，并表明两国要"严守疆界，禁绝越境之害"。1637年，双方签订《南汉山城条约》，两国再次申明了疆界问题。由于清始祖努尔哈赤兴起于长白山麓，清人入关后便将东北视为龙兴之地，更将长白山视为圣山。1677年决定将长白山、鸭绿江和图们江以北一千多里的地区作为禁地，严禁流民移垦、刨参和伐木。发现犯禁潜入，格杀勿论。1710年前后，清政府派官员绘制东北边境形势地图时，将中朝边界进行了再度明确。1710年，中朝边界发生了著名的李万枝事件。李朝渭原名李万枝，越境至中国境内采参，杀害了5名中国人。被逮捕后，立即被斩首；两国国界由此得以明确。因为清政府认为，这是两国的国界不明确而引发的两国边民的冲突，要求朝鲜政府联合对这一事件进行调查。1712年，清朝派乌喇总管穆克登为差使，同朝鲜国的代表一起联合踏查了国境，在长白山竖立了定界碑，确定以鸭绿江和图们江为两国国界。确定国界后，1714年，清政府在珲春设置了珲春协领，管辖范围以珲春为中心，在以南12里和以西7里之内驻防，后来将驻防范围逐渐扩大到图们江全境。珲春协领的设置，进一步加强了清政府对图们江北岸一带的边防。1762年，清政府制定了《宁古塔等处地方禁止流民例》；1848年，又制定了《查勘吉林辉发图们江二处协缉章程》，每年春秋两季派兵在图们江沿岸地区巡逻，严禁朝鲜人越境。

尽管自1840年鸦片战争以后，清政府对某些地方实行了弛禁政策，但是，截至19世纪70年代，清政府对于图们江北岸地区仍然实行彻底封禁，对越境的朝鲜人采取严格处罚措施。因此，清政府实行的封禁政策，使一部分朝鲜人在逃离本国之际选择了政策更加宽松的俄国远东地区。

最后，俄国急需劳动力开发远东地区。占领远东地区后，增加劳动力、对其实施有效控制成为俄国政府面临的一项重要任务。向远东地区的移民过程复杂且漫长。在农奴制改革前，将欧洲地区的农民大量迁移到远东地区几乎无法实现，因此，垦殖远东地区的任务落在了哥萨克身上。1857年，当远东大片领土尚未正式被俄国吞并前，东西伯利亚总督尼古拉·尼古拉耶维奇·穆拉维约夫-阿穆尔斯基伯爵便派了一支哥萨克军，命其携带家眷来阿穆尔河沿岸定居，并将哥萨克定居点作为军事哨卡，以保卫"边疆"。至1861年，阿穆尔河沿岸的交通线上建立60个村子，共11850人。①

对于乌苏里地区，俄国也采取了同样的做法。1858年140户哥萨克家庭和军队下层退役人员从外贝加尔来到乌苏里地区，随后建立了3个哨卡：高尔萨科夫、卡扎科维切沃、涅维里斯科耶。第二年，又在乌苏里江上游建立12个新据点。1858年，阿穆尔哥萨克军乌苏里斯克步兵营成立了一系列哨卡：上米哈伊洛夫斯克、科梁热斯克、格拉夫斯克，等等。1859年，在兴凯湖与中国东北接壤的地方建立了军事据点图里角。1860年，哥萨克军第3营第2连从哈巴罗夫斯克来到滨海省，在波谢特、梁赞诺夫、尼古里斯克、乌格罗夫和其他一些地方建立了一系列军事哨卡。当时，东西伯利亚第4营第3连的士兵乘坐"满洲号"登陆金角湾，并建立了军事哨卡符拉迪沃斯托克。②但是，俄国政府早期的移民政策效果不佳，远东地区的居民依然稀疏，能够到达乌苏里地区的俄国居民更是少之又少。从1858年第一批140户哥萨克来到乌苏里地区，直到1869年，乌苏里江沿岸仅有28个移民区，共5310人。③

为此，1861年4月27日（5月12日），沙皇亚历山大二世签署了《俄国人与外国人向东西伯利亚的阿穆尔省和滨海省移民条例》（以下简称《移民条例》），该条例的主要

---

① 〔美〕安德鲁·马洛泽莫夫：《俄国的远东政策1881—1904年》，本馆翻译组译，商务印书馆，1977，第2页。
② Соловьев Ф. В. Китайское обходничество на Дальнем Востоке России эпоху капитализма（1861-1917гг.），М.，1989. С. 11.
③ 〔美〕安德鲁·马洛泽莫夫：《俄国的远东政策1881—1904年》，本馆翻译组译，商务印书馆，1977，第276页。

内容如下。

A. 凡志愿定居阿穆尔省和滨海省的俄国人及外国人,均可得到公有空闲土地,由其自选,或暂时归其领有,或永远为其私产;但永远归私人所有的土地,每俄亩须交纳三卢布;

B. 划拨土地时,须区分不同情况:愿以整个单位定居和占有土地者,或愿单户定居和占有土地者;

C. 凡愿以整个村社为单位定居者,可以每个村社不得少于十五户,而且每户分得的整片土地不得超过一百俄亩;拨给村社永久使用的土地,二十年内可不向国家交纳租税;但二十年之后,必须交纳特别土地租税;村社免税使用的土地,在五年之内必须开垦,否则政府有权把未开垦的或不使用的土地收回;

D. 单户定居者,也可按上述总的原则划拨土地,但每户不得超过一百俄亩;

E. 凡自备川资迁居阿穆尔省和滨海省的纳税人,可免征兵役义务十次,并终身免交人头税,二十年之后只须向政府交纳土地税;

F. 凡符合下列原则者,允许在阿穆尔省和滨海省各城市落户。凡迁入本地区各城市者,自注册之日起,应在三年之内确定下来。凡不履行此项规定者,剥夺其享受下列优惠待遇的权利。向市民协会只交纳市政当局规定的用于发展城市的特种税后,即可分得除公家建筑用地外的空闲土地,用以建造房屋和店铺、作坊;在年内豁免一切赋税、国家徭役,房舍可不借予军队住宿,并在十年内免除兵役;有权在阿穆尔和滨海省自由经营商业和在法律允许范围内经营任何工业和手工业。①

在1861年优惠待遇的吸引下，远东地区的俄国居民人数有所增加，阿穆尔省移民人数是22574人，滨海省11457人。然而，大多数居民基本安置在阿穆尔省，深入滨海省特别是南乌苏里边区的人十分稀少。根据多年从事移民安置工作的布谢的资料，1863~1870年，向南乌苏里边区迁移的俄国农民总数仅3062人（1863年361人、1864年382人、1865年95人、1866年731人、1867年230人、1868年360人、1869年252人、1870年651人）。究其原因，主要是远东地区人烟稀少，交通不便，18世纪末修筑完成的西伯利亚铁路是莫斯科至西伯利亚唯一一条陆路交通线。即便费尽周折来到远东地区，很多人因生存无道，都设法逃回家乡。正如下文所描述："第一批移民把消息逐渐传回到他的故乡，说经过西伯利亚历时一年半的旅途异常艰苦。川资不足、疾病缠身、死亡增加（特别是儿童）、牲畜倒毙等情况，是移民途中无法避免的。移民来到新地方时，往往已赤贫如洗，而且不得不立即动手安置家园和开垦荒地，做这些繁重的工作……"②

即使是那些经过艰难跋涉到达远东地区的俄国居民，由于缺乏资金和畜力，农业生产依然无法顺利进行。此外，气候条件也让俄国居民难以适应。阿穆尔河沿岸地区，雨量充沛、气候异常湿润，特别是盛夏降水丰富，使大量的山谷被淹，地表出现大面积积水。按照俄国农民原有的耕

---

① 〔俄〕翁特尔别格:《滨海省1856—1898年》，黑龙江大学俄语系研究室译，商务印书馆，1980，第64~65页。
② 〔俄〕翁特尔别格:《滨海省1856—1898年》，黑龙江大学俄语系研究室译，商务印书馆，1980，第67页。

种方法，作物只长叶茎，谷粒不饱满，产量非常少，即便有所收获，也会发生霉变。俄国农民有时将发霉的粮食做成面包，但食用这样的面包往往会引起恶心、呕吐、头疼，就像醉酒的反应一样，人们将其称为"醉粮"。由于农业生产举步维艰，远东地区出现了粮食供应问题，甚至影响到了俄国远东地区的安全防卫。因粮食匮乏，远东地区的许多哨卡纷纷被撤销，截至1865年，阿穆尔河和乌苏里江地区仅剩一支驻在尼古拉耶夫斯克港的海军分遣队和一支拥有7名军官、732名士兵的正规部队。

可见，虽然俄国计划利用本国大规模的移民进行垦殖，实现对远东的控制，但国内移民的效果并不理想。1861~1881年，迁至远东地区的俄国居民共16843人，平均每年802人，从1869年起国内移民基本处于停滞状态。由此可见，在俄国吞并阿穆尔和滨海地区最初十年间，劳动力依然十分缺乏。为解决国内移民不利所带来的劳动力短缺、粮食匮乏等问题，俄国政府积极鼓励外来移民开发远东地区，特别是地缘相近的邻国移民者。1861年的《移民条例》正可谓为朝鲜移民的迁入打开了大门。

综上，19世纪中叶，由于中俄签订《瑷珲条约》《中俄北京条约》，使俄朝两国接壤，为朝鲜人向俄国远东地区移民创造了地缘条件。但俄国获得大量新领土后，并未有效地解决远东地区的开发问题，国内移民的失败，造成该地区出现了粮食短缺，甚至影响到边疆防卫，俄国急需劳动力助其开发远东地区。这些与朝鲜居民的生存状况、清朝政府的封禁政策等因素综合在一起，促成了朝鲜人向俄国的移民。

第二节　俄国对朝鲜移民的早期政策

1860年《中俄北京条约》签订后，俄国与朝鲜领土相接，这为朝鲜人向俄国移民创造了地缘条件。此后，由于种种原因朝鲜人陆续向俄国境内迁移，19世纪60~80年代，俄国政府一方面为开发远东采取了积极安置政策；另一方面，将部分朝鲜人迁向远东内陆，以避免远东地区出现"朝鲜化"现象。总体而言，这一阶段俄国对朝鲜移民的政策仍以鼓励和支持为主。

一　俄国积极接纳朝鲜移民

1863年，迁入俄国境内的朝鲜人向俄国政府提出申请。一方面，请求允许他们在棘心河流域定居；另一方面，希望派士兵保护其安全。滨海省总督随即同意了朝鲜人的请求，并在1864年5月，命令梁赞诺夫中尉在朝鲜人安置地建造守卫哨所，要求采取有力措施保护其安全。迁移至俄国境内的朝鲜人可以享受俄国法律完全的自由和充分的保护。① 在俄国的安置下，朝鲜移民迅速安定下来，并在距诺夫哥罗德哨卡15俄里处建立了第一个朝鲜移民村——棘心河村。1864年5月，格尔梅尔谢在考察了朝鲜居民生活后写道："当我看到棘心河时，所有移民都有房子住，而且房屋建得很快，很低也很密，朝鲜人在按照自己生活习惯建

---

① Российский государственный исторический архив Дальнего Востока（РГИА ДВ）. Фонд87. Опись1. Единица хранения 278. Листы3-4.

造的土坯房里，完全可以过冬。"① 至1864年夏天，棘心河地区的朝鲜移民家庭已有30户，共140人。1865年迁到棘心河的朝鲜人已达60户，1866年达到100户。

一些俄国官员在参观了朝鲜移民村后提出，"朝鲜移民是有益的，对边区的未来相当重要"②，应当采取积极措施吸引更多朝鲜人。例如，1865年，格尔梅尔谢上尉在视察完棘心河朝鲜移民村后，建议在1861年4月颁布的《俄国人与外国人向东西伯利亚的阿穆尔省和滨海省移民条例》中，增加一些针对朝鲜移民的优惠待遇③，即主张给每个朝鲜移民家庭分配不超过100俄亩的土地，但不赞同将他们变成国有农民。同时，东西伯利亚总督也下达了关于朝鲜移民的相关指示：（1）不能阻止朝鲜人加入俄国国籍，因为当时俄国和朝鲜两国间没有任何关于限制朝鲜人移居俄国的条约；（2）移居俄国的朝鲜人应该受俄国法律的保护，并在俄国境内行动自由；（3）如果居住在诺夫哥罗德哨卡附近的朝鲜人遭到中国官员的干预，哨卡长官有权阻止这种行为，甚至不惜诉诸武力。④ 针对该指示，俄国政府为第一批朝鲜移民提供了安全和物质方面的帮助。

安全上，俄国增派士兵，设立哨卡。1865年7月，10名朝鲜人出现在诺夫哥罗德哨卡长官面前，请求梁赞诺夫中尉派50名士兵，保护他们免受朝鲜士兵的追捕。为此，

---

① ГАИО. Фонд24. Опись11/3. Единица хранения 24. Лист28.
② Пржевальский Н. М. Инородческое население в южной части Приморской области. 2. Корейское население//Известия Географического общества. 1869. №5.
③ ГАИО. ф. 24, оп. 11/3, д. 24, л. 27 - 31.
④ РГИАДВ. Ф. 87, Оп. 1, Д. 278, Л. 46 - 47.

梁赞诺夫向边境派去4名军官，每人带5个士兵。① 为确保朝鲜移民的安全，俄国政府还在朝鲜移民村设立了军事哨卡。1868年6月30日，边区长官富鲁格尔姆在下达的第15号命令中指出："棘心河村有7名士兵、在与朝鲜紧邻的哨卡有15人、珲春哨卡有25人、曼谷盖有30名士兵。"② 1878年，由于高尔萨科夫卡、科伦诺夫卡、普提罗夫卡和西涅尔尼科沃的村民经常遭到袭击，应朝鲜移民的请求，从尼古里斯克驻军中抽出20名士兵保护朝鲜人的安全。1882年，由于朝鲜移民村基本没有再遭到攻击，村庄哨卡随即被取消，仅在普提罗夫卡留下7名俄国士兵，直到1884年。③

物质上，俄国政府发放津贴支持朝鲜人销售粮食（主要是荞麦）、建立面粉厂，还从军事储备中抽出部分粮食和资金给予朝鲜移民必要的帮助。1869～1871年，俄国从军事储备中抽出3.5万普特粮食，提供给定居在绥芬地区的朝鲜移民。④ 一些西伯利亚工业家和商人也会为朝鲜人提供捐助，例如，1871年伊尔库茨克企业家巴斯宁捐出500卢布用于为定居在阿穆尔的朝鲜移民购置冬衣。⑤

俄国政府的积极接纳政策，在朝鲜人心中形成了良好印象，即"沙皇是帮助朝鲜人摆脱厄运的救世主"，可以

---

① Рапот начальника Новгородского поста поручика Резанова военному уберднатору Приморской области. Пост Новгородский, 4июля 1865г. - （РГИА ДВ）. Фонд87. Опись1. Единица хранения 278. Листы22－23.
② РГИАДВ. Ф. 1. Оп. 1. Д. 42. Т. 1. Л. 49об.
③ Насекин Н. А. Корейцы Приамурского края. М., 1904. С. 8.
④ 《Журнал Министерства народного просвещения》, 1904. №3. стр. 5.
⑤ Письмо Синельникова на имя Баснина от1 октября1871г. -ГАИО. Фонд24. Опись10. Единица хранения 202. К. 2107, Т. 1 Лист201.

"帮助朝鲜人摆脱野蛮残酷的封建专制暴政"①。在此吸引下，更多朝鲜人涌入俄国。1867年1月，有28户来自朝鲜北部地区的居民进入俄国，包括72名男性，68名女性。②1867年12月，又有50户朝鲜家庭从罗津市来到扬齐河村，而后，一部分人留在扬齐河；另一部分于1868年8月，来到符拉迪沃斯托克。随着朝鲜移民人数的增多，在南乌苏里边区的棘心河、西吉密、长鼻谷等地，逐渐形成了朝鲜人聚居村落。

二 俄国对朝鲜移民的安置与管理

来俄的朝鲜人主要是朝鲜的贫苦农民，在国内备受压迫，无以为生，被迫出国逃难。在俄国政府的鼓励支持下，朝鲜人在俄国不仅迅速安顿下来，且逐渐开始从事农业生产。朝鲜人的勤劳给俄国官员及民众留下了深刻印象。鉴于此，1864年滨海省军事总督给诺夫哥罗德哨卡长官提出以下三点建议。

其一，对那些想要迁移至俄国的朝鲜人，毫无条件地接收，甚至可以给他们发放许可证，并提供援助；其二，努力说服朝鲜人安居在离边界较远的靠近符拉迪沃斯托克哨卡的沿途，但要注意只能依靠说服，如果遭到拒绝，再考虑其他可选择之地；其三，朝鲜移民可以得到俄国法律的充分保护，以避免受到外来干扰。与此同时，建议最初定居在边界棘心河和苏城地区的朝鲜移民，与随后迁移而

---

① МаксимовА. Я. Наши задачи на Тихом океане. Политические этюды. С.-Петербург, 1894. С. 83–84.
② РГИАДВ. Ф. 1. Оп. 1. Д. 312. Л. 66.

来并定居在纳霍德卡和符拉迪沃斯托克之间的朝鲜移民，深入绥芬一带，与波谢特周边现有的朝鲜移民定居点连成一片。①

1866年，90户家庭共计546名朝鲜人进入俄境并得到安置。南乌苏里边区朝鲜移民人口普查结果显示，截至1867年1月1日，朝鲜移民约有185户家庭999人。② 此后，又有大量朝鲜人向阿穆尔迁移。1871年7月末，东西伯利亚当局强调，在安排朝鲜移民生活时，除可享受《俄国人和外国人向东西伯利亚的阿穆尔省和滨海省移民条例》中与俄国移民同等待遇外，还要遵照以下原则：（1）在朝鲜人中直接推举长者，建立管理委员会。他们要通过东西伯利亚总督特别委任，对朝鲜人负责，以便让法官和对朝鲜人在小事上的惩罚听从于这些长者；（2）朝鲜人在建造房屋时，要尊重他们的习惯，可以为每个朝鲜家庭提供一头牛和一匹马；（3）从阿穆尔现有的储存中给一无所有的朝鲜人发放面包，每个成年人20磅，为了不让变质的东西影响健康，买入粟米、面包一起发放。③

此外，滨海省军事总督将朝鲜人或派往波谢特矿场，或参与建设诺沃金耶夫斯克村，或派一些木工、铁匠和石匠参加符拉迪沃斯托克港和南乌苏里铁路的修建。由此，

---

① Рагоза А. Краткий исторический очерк переселения корейцев в наши пределы. //Военный сборник. 1903. №6. С. 207 – 208.
② Рапот чиновника особыч поручений при Приморском областном правлении Бусси военному губернатору Приморский области от 6 марта1867г. - （РГИА ДВ）. Фонд87. Опись1. Единица хранения 278. Лист66.
③ Предписание генерал-губернатора Восточной Сибири Синельникова Амурскому губернатору. Иркутск，24июля 1871г. -ГАИО. Фонд24. Опись10. Единица хранения 202. К. 2107. Т. 1Листы134 – 136.

第一章　俄国对朝鲜移民政策缘起（1860~1882）　| 043

既解决了俄国急需劳动力的问题，又为朝鲜人提供了就业渠道。而绝大部分移民者被安置在村庄，并逐渐稳定下来。随后，他们在朝鲜的亲人陆续随迁，使俄国朝鲜移民人数不断增加。大多数情况下，朝鲜人进入俄国往往穿越波谢特地区的陆地边境。也有部分朝鲜人，特别是朝鲜北部的农民会通过图们江口，以及沿着中国边境到珲春再入俄境。还有人通过法塔石、扬齐河、棘心河经过曼谷盖伊斯克哨所进入。①从中部朝鲜来的移民往往由海路坐平底小船，而来自南部的朝鲜人会坐轮船经过符拉迪沃斯托克入境。

为了加速朝鲜移民与俄国的融合，东西伯利亚地方当局在积极安置朝鲜移民的同时，大力推行同化措施。

第一，开办俄语学校，教授朝鲜移民儿童学习俄语。1865年，格尔梅尔谢上尉在视察完棘心河村后，提出了管理朝鲜人的建议：一方面，提议为朝鲜人提供土地，以保障其基本生活；另一方面，注意对朝鲜人进行同化。要在朝鲜人中建立俄语学校和特殊机构，直接管理移民者。1866年，东西伯利亚总督给滨海省军事总督拨款100卢布用于建立俄语学校。②这所学校于1868年在棘心河村成立。1870年末，高尔萨科夫在南乌苏里边区又建立两所学校，并给每个学校拨款150卢布。

第二，宣传东正教是朝鲜移民加速俄国化的又一个手段。1870年12月，东西伯利亚总督高尔萨科夫在给西诺德牧师的信中提到，自己在南乌苏里边区考查的时候发现，

---

① ЦГАДВ. Ф. 1. оп. 1. д. 703, лл. 14, 41, 58, 59, 66, 77.
② Предписание генерал-губернатора Восточной Сибири военному губернатору Приморской области от 30 августа1866г. -ГАИО. Фонд24. Опись10. Единица хранения 223. К. 1666. Лист1.

在现有条件下，许多朝鲜人愿意接受俄国的主流信仰，完全自愿地努力学习俄语。朝鲜人这种俄国化的意愿，可以使他们在最短的时间内改信东正教。于是，高尔萨科夫建议阿穆尔东正教主教韦尼阿明，及时地接受朝鲜人加入东正教。韦尼阿明主教立刻委派滨海省的两个宗教主管接受所有朝鲜人入教的请求，并特别从外贝加尔请来两名教士为朝鲜移民实施受洗仪式。1872年以前，受洗的朝鲜移民达100个家庭。①

第三，将朝鲜移民迁移至边区内陆，深入俄国居民内部。普尔热瓦尔斯基在对南乌苏里边区进行考察后提出，让朝鲜移民居住在离边境过近的地方是极其错误的。他认为，应该让他们迁至兴凯湖和绥芬河流域，甚至是阿穆尔中部地区，这样可以使他们远离自己的国家。让朝鲜人长期生活在俄国农民中间，可以渐渐地将俄语和俄国人的生活习惯渗入他们的生活中。②

可见，朝鲜人来到俄国后，不仅被俄国政府接纳，还得到了积极的安置。俄国不仅为其提供土地、粮食，更派出士兵保护其安全。为了避免远东地区被外族人控制，俄国政府在积极接纳朝鲜移民的同时，也在加紧采取措施推行对朝鲜人的同化政策。

三　俄国积极安置朝鲜移民的原因

朝鲜人向俄国移民初期，得到了俄国官方积极接纳和

---

① Вагин В. И. Корейцы на Амуре. -Сборник историко-статистических сведений о Сибири и сопредельных ей странах. Том1. С. -Петербург，1875 – 1876. С. 19.
② Пржевальский Н. М. Путешествие в Уссурийском крае 1867 – 1869гг. М.，1947. С. 231.

妥善安置，究其原因，这不仅是俄国经济上的需要，更有东北亚战略利益的考量。

第一，吸引朝鲜劳动力，助其开发远东经济。俄国吞并远东地区后，最迫切的任务是急需劳动力进行开发。俄国曾采取措施促进本国居民迁居于此，但结果并不理想。而朝鲜人来到俄国以后，解决了这一燃眉之急。1865年，上尉格尔梅尔谢在了解棘心河朝鲜移民村居民的生活后，曾写道："我认为，朝鲜人在我们边界事务中不仅是有益的，而且对边区的未来亦至关重要……这也许是最重要的，因为，现在边区的所有企业都处于劳动力缺乏状态。最先使用朝鲜人充当劳动力的是波谢特的石矿场。由于朝鲜移民很快为军队提供粮食，以及劳动力价格下降带来直接的利润，使我们得到了可以为边区未来发展带来利益的基础。"①

朝鲜人最突出的贡献表现在农业种植上。远东地区特别是乌苏里地区，植物丰富，气候湿润，土地多为黏土。由于盛夏时节降水丰富，不仅黏土下存有大量积水，积水还会返到土壤表层。这样的气候和土壤条件，使欧俄地区迁来的农民完全没有办法按照旧有的方法耕种，即便进行了生产，收获量也极低，甚至大批粮食往往由于潮湿而发霉、变质。而乌苏里地区与朝鲜相邻，气候和土壤条件与朝鲜相近，在这里进行农业生产对朝鲜移民而言可谓得心应手。朝鲜人种地采用垄播法，每垄之间行距30～40厘米。第二年行距会加大，换种一些其他作物，让土地休耕一年。

---

① Записка штабс-капитана Гельмерсена о корейцах. С.-Петербург, мая1865г. - ГАИО. Фонд24. Опись11/3. Единица хранения 24. Листы 27－31.

每年耕种的品种交替更换，土地的地力才会增强。朝鲜农民的耕种方法使雨水沿着犁沟流出，谷穗之间通风便利，蒸发掉多余的水分，从而可以有效地降低土地的潮湿性，也大大提高了远东地区的粮食产量。70年代便出现粮食产品的剩余，粮食价格也有小幅下降。例如，诺沃金耶夫斯克的军队以往要从珲春购买燕麦和大麦，由于朝鲜人在当地从事农业生产，使1872年从珲春购买粮食的数量有所减少；1873年，从朝鲜移民那里购买的谷物达到了一半；1874年，便不再去珲春购买粮食。① 19世纪80年代起，滨海地区开始将朝鲜农民的耕作经验和耕种技术进行推广，许多俄国农民在朝鲜人的帮助下耕种自己的份地。此外，朝鲜人还将水稻、大豆、马铃薯、高粱等农作物的耕种技术引入俄国，为俄国农业的发展做出了重大贡献。研究朝鲜移民问题的苏联学者阿诺索夫对此写道："乌苏里地区的朝鲜居民从移民一开始，便成为发展边区经济的最重要因素。"②

朝鲜移民的益处不仅体现在19世纪70年代新土地的开发上，他们还广泛出现在铁道、通信、运输武器、采矿、盐业、伐木、港口建设等各个领域。例如，1880年夏，朝鲜移民充当了诺夫哥罗德哨卡到诺沃金耶夫斯克地区的电线杆工程的主要劳动力；1885年，朝鲜人仅用8天，便把15万普特面粉从诺夫哥罗德哨卡运到了诺沃金耶夫斯克地区；从1886年2月27日至1887年7月1日，朝鲜移民自己

---

① Отчет пограничного комиссара в Южно-Уссурийском крае за 1874год. - АВПРИ. Фонд 《Чиновник по дипломатической части при Приамурском генерал-губернаторе》. Опись 579, 1869 – 1888. Дело307. Листы 51.
② Аносов С. Корейцы в Уссурийском крае. Хабаровск, 1928. С. 7.

出资出力，修建了从拉兹多里诺耶到曼谷盖村全长173俄里的道路；朝鲜农民还建造了从诺沃金耶夫斯克到奥利金哨卡间800千米的道路。①

朝鲜移民对待工作的认真态度得到了阿穆尔沿岸辖区②总督高尔夫的认可。在呈交的报告中他写道："我们这里的朝鲜移民不仅与俄国居民一样履行地方义务，甚至范围更大。他们无报酬地建设新公路，从诺沃金耶夫斯克山区到拉兹多里诺耶镇、从山下村到施科多沃村，共计超过300俄里。总之，我要大加赞赏朝鲜人对分配给他们的任务永远认真的态度。"③

第二，俄国希望保持在朝鲜民众心目中"帮助朝鲜人赶走厄运的救世主"，"帮助朝鲜人摆脱野蛮、残酷、封建专制暴政"的形象④，以便在各国角逐朝鲜、进军东北亚之际，获得优势地位。19世纪上半叶，欧美列强在相继打开中、日等亚洲国家大门后，随即将目光对准了"隐遁之国"朝鲜。1866年，美朝发生了"舍门将军"号事件，美国意欲联合俄国，借机入侵朝鲜，但是俄国政府最终"以得体的借口拒绝了该邀请"，俄国决定仍"满足于和朝鲜的边境

---

① Граве В. В. Китайцы, корейцы и японцы в Приамурье. С.-Петербург, 1912. С. 131.
② 1884年6月17日，从东西伯利亚总督辖区分出独立的阿穆尔沿岸总督辖区（本书简称为阿穆尔沿岸辖区），管辖阿穆尔省、滨海省、后贝加尔省（1906年转入伊尔库茨克总督辖区），以及符拉迪沃斯托克军区（存在时间为1880~1898年）。——Пак. Б. Д. Корейцы в Российской империи, Иркутск, 1994. С. 87.
③ Всеподданнейший отчет о состоянии Приамурского края за время с 1886г. по 1891год. -АВПРИ. Фонд《Тихоокеанский стол, 1896 – 1908》. Дело1089. Лист 14.
④ Максимов А. Я. Наши задачи на Тихомокеане. Политические этюды. С.-Петербург, 1894. Листы 83 – 84.

贸易"。① "舍门将军"号事件过后仅一个月,法国以1866年9名法国传教士被杀为由,派军舰入侵朝鲜。1868年春天,法国和英国在对朝鲜发动新一轮军事打击时,滨海省驻军司令在给诺夫哥罗德哨卡长官季亚琴科上校的命令中说道:"随着春天的来临,法、英为了天主教徒被害事件会对朝鲜实行远征,我国政府一直坚持同朝鲜友好相处,现在我们不想改变此前坚持的政策,我们对不干涉其他国家对朝鲜的军事打击有信心。……我们坚信,通过和平贸易往来的方式会逐渐激起朝鲜加强这种互信的兴趣,这种信任是我们两个友邻和平共处的保证……对我们而言,应尽一切可能促进与朝鲜边境贸易的发展。"②

由此可见,在欧洲各国以及日本纷纷入侵朝鲜之时,俄国由于自身地缘状况和军事条件的限制,未急于参与,而是采取了"观望"态度。接纳和安置朝鲜移民不仅让朝鲜民众对俄国产生一种印象,即俄国是朝鲜人民的"保护神",还可以继续取得朝鲜政府亲俄派势力的信任,又可以继续观望,以待时机成熟时寻求其在朝鲜乃至东北亚地区的有利地位。

第三,安置朝鲜移民,可以更好地了解这个国家及其民族特征。1875年,瓦京发表了《西伯利亚和与之毗邻国家历史统计数据汇编》,这是俄国第一份关于在俄朝鲜移民详细的研究成果,作者瓦京是南乌苏里边区安置朝鲜移民的拥护者,对朝鲜移民一直持善意态度。瓦京认为,朝鲜

---

① Нарочницкий А. Л. Колониальная политика капиталистических держав на Дальнем Востоке. 1860 – 1895. Москва: АН СССР. 1956г. С. 192 – 193.
② ГАИО. Ф. 24. О. 11/3. Д. 43. Л. 120.

移民非常勤劳、爱干净、质朴和顺从。他们在衣着打扮、语言文化等方面积极融入俄国社会，并与俄国居民联系紧密。可见，朝鲜移民以勤劳、质朴、忠诚、勤奋好学、吃苦耐劳的特点给俄国人留下了良好的印象，同时，他们也把这种文化气息带到了俄国。

因此，移民初期，俄国政府将朝鲜人视为开发新疆土的廉价劳动力，并颁布了一系列优惠措施大力吸引。随着朝鲜移民人数逐年增加，并在文化、政治领域体现出越来越重要的价值，俄国更是将其视为渗入朝鲜、角逐东北亚的重要砝码。

四 避免边区"朝鲜化"

朝鲜人向俄国移民初期人数少，且较为零散。但是，1869年夏，朝鲜北部发生了严重的洪灾，同年秋天又遭遇罕见霜冻，致使粮食歉收，这使大量不堪忍受饥饿和贫穷的朝鲜人向俄国领土迁移。9月末至10月初，1850名朝鲜人（1300男，550女）通过不同途径来到棘心河地区。11月至12月初，越境的朝鲜人数升至4500人，好像整个朝鲜北部的居民都准备要迁移至南乌苏里边区。① 1869年，整整一年迁移至俄国境内的朝鲜人共6643人（3633男和3010女），其中1/3是儿童。正如1885年哈巴罗夫斯克大会的报告提到的："所有朝鲜北部的居民准备到我们这来，只有少数不幸的，会在我方边界哨卡受到阻拦，但这完全不能停

---

① Петров А. И. Корейская иммиграция на Дальний Восток России в 1860 - 1917 гг. Вестн ДВО РАН，1998.5

止移民活动的进行。"①

朝鲜移民的大量涌入,虽然使远东地区的劳动力得到一定充实,但其日益被外族人占据的现状却让俄国政府忧心忡忡。

一方面,滨海省南部储存的粮食非常有限,大量朝鲜人涌入后,出现了粮食供应问题。事实上,俄国当局并没有对大量朝鲜人越境行为做好准备,为防止朝鲜移民因饥饿意外死亡,并引发疫情,滨海省军事总督富鲁格尔姆从军需储备中拨出4000普特黑麦和2000普特面粉②,发放给急需者。但他发现,这些粮食完全无法解救全部朝鲜人。不断加剧的朝鲜移民潮使南乌苏里边区的粮食供应出现困难,食物供应非常紧缺,甚至滨海省军事总督所用必需品都要节制。

另一方面,俄国担心外族人的数量会超过当地的俄国居民,进而造成俄国居民土地短缺,边境地区出现"朝鲜化"现象。正如外交部亚洲司司长维斯特曼给东西伯利亚总督的信中所述:"最初我们很欢迎朝鲜人来到乌苏里地区,他们比那些中国商人更适合我们,随着时间的推移他们会变成遵纪守法的农民,这对我们人烟稀少的边区来说非常重要。现在由于大量朝鲜人的到来给地方当局造成了很大麻烦……千万不能为朝鲜人提供接连不断的村落,使其定居下来。"③ 出于政治、经济两方面考量,俄国政府对

---

① РГИАДВ. Ф. 702. Оп. 1. Д. 21. Л. 4об.
② Представление военного губернатора Приморской области генерал-губернатору Восточной Сибири. Николаевск, 30ноября1869г. -ГАИО. Фонд24. Опись10. Единица хранения 202. К. 2107, Листы 11 – 12.
③ Пак Б. Д. Россия и Корея, М., 1967. С. 89.

待朝鲜移民的态度开始谨慎,并采取相应措施力图限制纷至沓来的朝鲜移民。例如,俄国政府让朝鲜移民给朝鲜的亲属写信,告诉他们不要再向俄国迁移;① 同时,俄国外交部下发文件指出:"朝鲜家庭住在我们边界地区看来非常不合适,而且容易引起邻国朝鲜的误会。"② 因此,俄国决定清除边境地带的"朝鲜元素",引导朝鲜移民迁移至远离边境的地区。此后,大量朝鲜移民被迁往乌苏里地区的内陆——曼谷盖河和齐姆河谷及绥芬河、勒富河北面。

俄国政府对朝鲜移民态度的转变,直接作用在边境哨卡士兵的态度上。他们渐渐地对外观、语言、衣着、生活习惯和宗教信仰均有差异的朝鲜移民采取不友好态度。例如,1869年12月,14名朝鲜人(7男,7女)来到俄国边境哨卡的安置点过夜。当晚,哨卡的士兵骚扰朝鲜女性,在被阻挠后,集结邻近哨卡的士兵,开枪打死13名朝鲜人。仅存的1名受重伤的女性,艰难地爬到最近的俄国哨卡寻求帮助。然而,在调查后俄国政府却得出如下结论:朝鲜人强行占领哨卡警卫室,士兵将其驱赶,并不得已开枪。类似这样血腥和暴力的事件时有发生。

由此可见,俄国政府对早期朝鲜移民的政策具有一定矛盾性。出于经济发展战略考量,认为朝鲜移民有益于远东地区经济发展,于是积极鼓励、妥善安置。而一旦朝鲜

---

① Вагин В. И. Корейцы на Амуре. -Сборник историко-статистических сведений о Сибири и сопредельных ей странах. Том1. С. -Петербург,1875 – 1876. С. 5.
② Письмо директора Азиатского департамента МИД П. Н. Стремоухова на имя М. С. Карсакова в Иркутск от 9 марта 1870г. -Архив внешней политики Российской империи (далее-АВПРИ). Фонд 《Спб. Главный архив,1 – 9,1870 – 1882》. Дело25. Лист4.

移民增多，又会对边境安全产生忧虑，试图将其内迁或通过强有力的措施阻止朝鲜人的移民活动。但在远东地区急需劳动力的大背景下，无论是俄国中央政府，还是地方政权，总体政策仍以鼓励和支持为主。

第二章　俄国中央政府的限制政策与地方行政机关的灵活态度（1882~1905）

由于朝鲜移民人数增多，俄国对边境地区的安全产生了忧虑，同时，中、朝两国对俄国朝鲜移民政策的不满，亦让俄国政府做出调整，由此前友善接纳转向有限控制。但是，在这一时期，俄国中央政权与地方政府在该问题上并未保持一致，中央政府对境内朝鲜移民进行了身份界定和划分，要求未能加入俄国国籍的朝鲜人，在一定期限内必须离开俄国，并限制朝鲜人继续涌入，而地方行政机关在执行中央政府的规定时，却表现得灵活且宽松。

第一节　俄国对朝鲜移民政策调整的背景

一　南乌苏里边区战略地位提升

1860年《中俄北京条约》签订后，南乌苏里边区连同原中国所属的一些天然良港，其中包括金角湾和波谢特湾在内的诺夫哥罗德港，一并划入俄国版图。南乌苏里边区北邻乌第区，西北接乌苏里哥萨克区，西连"满洲"边境，东濒鞑靼海峡和大彼得湾，而南面，一部分边界与中国东北相接，另一部分与朝鲜毗连。① 然而，在19世纪中叶东北亚局势风云变幻的大背景下，这个与中、朝两国接壤的俄国南乌苏里边区的战略地位日渐凸显。

19世纪60~70年代，中、俄两国边界是非不断，不仅东段边界出现中国居民与俄国军队的交锋，西段边界亦有俄国侵占伊犁事件发生，两国关系一时恶化。东段：《中俄北京条约》签订后，乌苏里江以东大片土地，连同在此生活的大批汉、满及其他少数民族居民同时归属俄国政府，即所谓的"割地成侨"或"人随地迁"。俄国政府为了加强对新侵占土地和居民的管理，在强化该地军政统治机构的同时，对当地人民进行了残酷的压迫和摧残。例如，俄国对阿穆尔省的汉、满居民普遍征收"人头税"，大大加重了当地汉族人和满族人的生活负担。为了反抗俄国的压迫，他们曾自发地组织人民武装，至1860年春已设营150多座，约计不下数万人。② 最终，乌苏里江以东的汉族人、满族人于1868年爆发了大规模反俄斗争。俄国政府不仅从海参崴派出海军前去镇压，还下令让乌苏里地区全部驻军处于战争状态，最终将起义镇压。西段：1871年7月，俄国利用由于阿古柏侵略所造成的新疆混乱态势，悍然派兵侵占中国新疆伊犁地区。清政府多次与俄国交涉归还伊犁事宜，均无果而终。1876年春至1877年冬，清政府派左宗棠，攻

---

① 〔俄〕翁特尔别格：《滨海省1856—1898年》，黑龙江大学俄语系研究室译，商务印书馆，1980，第62页。
② 《筹办夷务始末（咸丰朝）五》，中华书局，1979，第1873页。

打阿古柏的统治，收复了新疆大部分地区。此后，中、俄两国针对新疆问题又进行了多次外交谈判。

19世纪后半期，欧美各国进入帝国主义阶段，掀起新一轮殖民掠夺和扩张狂潮，俄国在东北亚的地位面临巨大挑战。紧随美国和法国之后，同处东北亚的日本亦启动了侵朝计划。日本自1868年明治维新以后，走上了资本主义发展道路，实力迅速提升。但是，由于日本国土狭小、资源匮乏，加之此前自上而下的改革保留了大量的封建残余，日本的社会矛盾依然十分尖锐。为转嫁矛盾，日本竭力向外扩张，而被称为"隐遁之国"的朝鲜则首当其冲。明治维新后，日本一些维新人士便大肆鼓噪"征韩论"，企图将朝鲜变成日本的原料产地和商品销售市场，进而吞并朝鲜，再以朝鲜半岛为跳板侵略中国。1875年9月，日本制造了"云扬号"事件，并以此为借口，强迫朝鲜签署《江华条约》及两份补充条约，从中攫取一系列特权。例如，从朝鲜夺取农产品，向其倾销商品；在进行经济侵略的同时，逐步开始对朝鲜实行政治渗透。此外，日本高利贷资本的侵入，也严重威胁着朝鲜民众的生活。条约为日本对朝鲜进行经济掠夺、政治控制、军事侵略提供了依据和便利，是朝鲜一步步沦为日本帝国主义殖民地的开端。

可见，19世纪70~80年代，俄国在东北亚的处境可谓如履薄冰，不仅与中国在领土问题上冲突不断，邻国朝鲜也日益成为欧、美、日等国的刀俎之肉，这使与中、朝接壤的俄国南乌苏里边区处于东北亚矛盾聚焦之地。然而，南乌苏里边区人口密度低、中俄边界两端人口相差较多、居民以朝鲜移民居多等现状让俄国政府对边界安全甚感忧虑。俄国政府认为："仅仅增加我国当地的防卫力量和扩充陆军及海军是远远不够的，必须用吸引大批本国移民的办法使这里繁荣起来，这样，才有可能随时向军队保证供应粮食和补充人员。"① 因此，增加南乌苏里边区的人口数量，让本国居民在当地占据优势，加强这一地区的安全防卫，成为应对新形势下东北亚局势的必要之举。

二 19世纪80年代中朝两国关于朝鲜移民问题的对俄交涉

居住在滨海省和阿穆尔省朝鲜移民的法律地位，是19世纪80年代俄国政府亟待解决的一个重要问题，亦是各级别官方和非官方会议的重要议题。俄国政府决定为生活在滨海省和阿穆尔省的朝鲜移民，以及临时来俄的朝鲜人提供法律依据，以解除来自朝鲜和中国方面的误解。对此，中、朝两国均表明了自己的立场，并对俄进行了积极交涉，最终迫使俄国仅部分地确立了境内朝鲜移民的法律地位。

（一）中国政府的态度及中俄之间的交涉

清朝入关后，便将东北视为龙兴之地，将长白山视为圣山，更是将长白山、鸭绿江和图们江以北一千多里的地区作为禁地，严禁流民移垦。对朝鲜人的入境也严加规范，若有违规者，轻则被遣返，重则处死。据清光绪三十四年（1908年）吴禄贞所编《延吉边务报告》记载："至图们江北为国朝根本重地，悉行封禁，流民入境，禁例甚严。……国初时，吉韩界禁极严，两国之民有私自越图们江一步者，

---

① 〔俄〕翁特尔别格：《滨海省1856—1898年》，黑龙江大学俄语系研究室译，商务印书馆，1980，第69~70页。

第二章 俄国中央政府的限制政策与地方行政机关的灵活态度（1882～1905） | 057

由两国官吏处死，否亦格杀勿论。则不惟韩民不许越江，即华民之无故渡江者，固亦显干厉禁矣。"① 然而，部分朝鲜人向俄国迁移是通过中朝边界，即所谓的封禁之地进行的，这让清政府大为不悦。

1869～1870年，大量朝鲜移民来到俄国并得到安置后，清政府便明确表态。1871年，清朝皇帝同治曾命令地方当局，禁止朝鲜人越过中国边境向俄国迁移，若有留在中国境内者要立即遣回朝鲜，朝鲜政府应该监督返回到自己居住地的居民，等等。清政府同时向俄国表明："中国政府不干涉朝鲜当局，但在目前的情况下我们无法不管不问，因为这关系到中国的边界利益。至于俄国对移民采取的措施，俄方应该与朝鲜政府达成协议，中国政府只是预防边界出现困境。皇帝的命令是针对中国领土的。"② 俄方很快对中国的要求进行了回应。俄国地方当局长官西涅尔尼科夫向俄国外交部中国事务办的高尔恰科夫汇报："我们不应该驱赶移民，因为我们与朝鲜没有条约，并且我们在与中国的条约中也没有涉及这个问题。"③ 为了防止未来在移民问题上的任何误解，俄国驻北京大使弗兰加利以书信的方式通知中国公使，中国政府的制度和规则在俄国不具有法律效力。弗兰加利还表示："如果两国的地方当局发现边境附近有危险因素，当局应该互相通报，向对方表明各自所采取

---

① 吴禄贞：《延吉边务报告》，油印本，第4章，第37页。
② Донесение имп. российского посланника в Китае А. Е. Влангали государственному канцлеру А. М. Горчакову. Пекин, 9 (21) января1872г. -АВПРИ. Фонд. 《СПБ. Главный архив, 1－9, 1870－1882》. Дело25. Листы 31－33.
③ Телеграмма Карсакова Синельнакову в Иркутск от8 (20) ноября1871г. - АВПРИ. Фонд. 《СПБ. Главный архив, 1－9, 1870－1882》. Дело25. Лист 22.

的措施,符合本国相关规定。"①

由上可见,中国方面对俄国安置朝鲜移民的政策极为不满,一方面,担心大量朝鲜人穿越中国的边境地区,并定居在中俄朝交界地带,会给中国边境安全带来隐患;另一方面,中国认为,俄国会通过朝鲜移民问题插手朝鲜内政,进而直接影响中朝宗藩关系的稳固。虽然俄国对中国的警告和交涉给予了驳回,但中国政府的反对声音仍然成为俄国安置朝鲜移民的重要考量因素。

(二)朝鲜政府的态度与俄朝之间的交涉

19世纪中叶,朝鲜政府为维系岌岌可危的封建制度,推行了更加封闭的锁国政策。例如,严厉禁止未经政府批准私自与外国人接触,严禁朝鲜人越境出国,特别是鸭绿江和图们江以北地区,如果抓获立即处以死刑,等等。当朝鲜政府得到本国农民向俄国移民的消息后,立即下令禁止北部居民与俄国居民的任何联系,违者判处死刑。同时,宣布销毁所有可以渡过图们江的运输工具,并在边境地区配备警卫严加看守,严密监控越境者。尽管朝鲜方面的措施如此严酷,不堪忍受国内残酷封建盘剥和连年自然灾害打击的朝鲜农民,仍然秘密地与俄国士兵联系,甚至在冬天的夜晚偷偷越过冻结的江面,寻找俄国士兵与其商谈越境事宜。1866年底至1867年初,当朝鲜北部地区白干村的朝鲜人几乎全部迁移至俄国领土时,朝鲜政府再也无法坐视不管。朝鲜政府指责俄国政府为朝鲜人发放食物和衣服的诱

---

① Донесение имп. российского посланника в Китае А. Е. Влангали государственному канцлеру А. М. Горчакову. Пекин, 9 (21) января1872г. -АВПРИ. Фонд. 《СПБ. Главный архив, 1 – 9, 1870 – 1882》. Дело25. Лист34.

惑行为，并要求俄国政府采取措施禁止"逃犯"越过边界。

同时，朝鲜政府采取软硬兼施的手段，意图制止移民活动。一方面，对朝鲜居民下达禁令，禁止与俄国人进行任何经济接触，并命令销毁所有市内的船只。如果朝鲜士兵发现有人越境，会袭击这些逃难者，驱赶他们，并将所有男性杀光；另一方面，朝鲜政府表示，如果迁移至俄国的朝鲜人愿意返回祖国，一定给予优待。1869年12月25日，朝鲜政府发表声明，如果俄国的朝鲜移民愿意返回自己的祖国，绝不会惩罚，并保证为他们提供衣物和土地，旧的债务一笔勾销。

与此同时，朝鲜政府针对朝鲜移民问题与俄国政府展开交涉。1869年12月20日，为了应对朝鲜方面施加的压力，边区长官富鲁格尔姆亲自来到波谢特，处理朝鲜人返乡事宜。他专门派南乌苏里边区的边界专员特鲁别茨科伊公爵、诺夫哥罗德哨卡长官、翻译韩银库，还有经选举产生的朝鲜移民代表一起到朝鲜谈判，希望朝鲜政府不对返乡的朝鲜人进行任何惩罚，为返乡人提供补助。① 朝鲜地方官员递交给俄方一份书面保证："当时我们许多人到俄国去，是因为庄稼歉收。现在他们确实想回来，我保证不会让他们遭到任何惩罚并给予一定的优惠待遇。将来我方会全面采取措施以防止朝鲜人越过边界迁往俄国领土。"② 随

---

① Рапот военного губернатора Приморской области контр-адмирала Фуругельма генерал-губернатору Восточной Сибири. Ст. Казакевичево, 5февраля 1870 г. №104. -ГАИО. Фонд24. Фонд24. Опись10. Единица хранения 202. К. 2107, Т. 1 Лист35.

② Копия с перевода 《Обязательства начальника Кегенского округо Хамгенской области в Корее》. Тунджи, 8-й год, 12 луны, 23-го числа, -АВПРИ. Фонд 《 Чиновник по дипломатической части при Приамурском гененал-губернаторе, 1869 – 1888》. Опись579. Дело307. Лист30.

后，富鲁格尔姆把承诺内容传达给朝鲜移民，并强调，凡是没有任何生活来源的家庭不能留在俄国境内，要陆续返回朝鲜；如果不返乡，将取消这里的军事保护。此外，他还保证，到达边境时政府会为朝鲜移民发放食物，并专门为儿童和妇女提供车辆。出乎意料的是，所有朝鲜人都坚定地表示，回到朝鲜必定被处死，宁愿饿死在俄国，也绝对不返回朝鲜。他们不相信朝鲜方面做出的任何承诺，因为根据朝鲜的法律，回去后等待他们的无一例外只有死亡。他们中的老人回去还有可能存活，但那些剪去了辫子的年轻人①，因为破坏了朝鲜的传统，都将被处决。如果俄国人要用军队将他们赶走，他们宁愿死在俄国人的刺刀下，也不愿死在自己人手中。

1884年，俄国与朝鲜签订了《俄朝修好通商条约》，两国正式建立外交关系。同时，两国对俄国的朝鲜移民入籍问题正式交换了意见。双方暂定凡1884年以前来俄的朝鲜人可以加入俄国国籍，此后来俄的朝鲜人，只能在俄国暂时居住。关于朝鲜移民问题的进一步交涉，是在1885年10月，朝鲜代办兼总领事韦贝②来到汉城着手俄朝陆路通商谈判时。但俄朝谈判初期进行得非常缓慢，其中最主要的障碍之一，便是1884年前来俄朝鲜人的国籍问题。1886年4月末，韦贝向朝鲜外部大臣金允植递交了草案，其中一章

---

① 依据朝鲜的传统，男女都要留辫子，并将其盘在头顶形成发髻。朝鲜人逃往俄国时，俄国士兵要求他们按着俄国的生活习惯将辫子剪掉。
② 俄国政府将和朝鲜签署条约的任务交给了俄国驻天津领事 К. И. 韦贝，此人是19世纪俄朝关系中的一个重要人物，19世纪末俄朝关系中许多重大事件都和他有关，他是俄国第一任驻朝公使，在朝鲜任职多年，对朝鲜的情况很熟悉，堪称俄国的朝鲜问题专家（潘晓伟：《俄国对朝鲜政策研究》，吉林大学博士学位论文，2009年5月）。

提到了关于朝鲜移民的国籍问题，即所有在 1884 年两国政府签订条约前到俄的朝鲜人，可以加入俄国国籍。他们无论在俄国，还是在朝鲜，都将享受与其他俄国公民同样的权利。这一点虽然金允植表示同意，但袁世凯①主张 1884 年俄朝建立外交关系前在俄国的朝鲜人一律应遣返回国；鱼允中②主张由在俄朝鲜人自主选择是继续留居或是返回朝鲜；金弘集③反对朝鲜人加入俄国国籍，但是又认为让俄国遣返绝不可能，主张派领事去俄国管理朝鲜人。最终，朝鲜方面的统一立场是，不仅要阻止朝鲜人向俄国移民，还要引渡已经在俄国境内定居的所有朝鲜人。④

而俄方依然坚持自己的观点，认为俄、朝两国建交前迁移至俄国南乌苏里边区的朝鲜人，如果在没有任何胁迫和完全自愿的情况下，可以返回朝鲜。强行驱逐朝鲜移民，既不道德，又不符合法律，因为他们没有违背俄国的任何一条法律。关于朝鲜移民问题双方意见始终无法达成统一，为了不影响《俄朝陆路通商章程》和《俄朝边界关系公约》的签订，韦贝和金允植暂定，在条约里仅列出 1884 年以后朝鲜人越境问题的内容，即如果朝鲜公民没有任何证件越境，俄国政府会进行调查，抓获后将其遣返回国；关于 1884 年以前迁移至俄国的朝鲜人入籍问题并未列入正式条约，但朝鲜方面表示同意俄方草案中的意见，并承诺会另下文件说明，但由于担心这样的文件会引起朝鲜人的"幻想"，而统统放弃朝鲜国籍，朝鲜方面一直拖延未办。

---

① 1885 年，被封为驻朝鲜总理交涉通商事宜大臣。
② 朝鲜开化派代表人物，时任度支大臣。
③ 朝鲜政府派代表人物，时任左议政。
④ Владивосток, 1895. 30 июля.

第二节 中央政府的限制政策

南乌苏里边区战略地位的提升，以及中国和朝鲜政府对待俄国安置朝鲜移民的抵制态度，促使俄国政府对朝鲜移民的政策出现了转变。俄国政府一方面着手落实久居境内的朝鲜人的法律地位问题；另一方面，采取措施限制朝鲜移民的继续涌入。正如在1871年8月25日外交部亚洲司司长维斯特曼给东西伯利亚总督西涅尔尼科夫的信中所述："东西伯利亚总督确定的关于未来将朝鲜移民遣返回国的一些原则，符合外交部的预计，……大量朝鲜移民使我们面临窘境，同时引起了与朝鲜政府之间的误会。"①

一 对朝鲜人入籍问题的限定

尽管俄国存在多种法律，既有优待外国人的，也有限制的，但"外国人"这个概念依然很模糊。1864年2月10日颁布的法律解决了这一问题。这项法律将先天和后天的俄国臣民进行了区分，将入籍的外国人和未入籍的外国人做了根本区别。② 其中规定："为了将朝鲜人吸纳为俄国公民，要求预先将他们安顿在帝国境内。……在俄国安住5年后，外国人可以申请加入俄国国籍。"③ 所有入籍的外国人

---

① Отношение управляющего МИД Вестмана генерал-губернатору Восточной Сибири Синельникову. С.-Петербург, 12 (25) августа 1871 г. -АВПРИ. Фонд. 《СПБ. Главный архив, 1-9, 1870-1882》. Дело 25. Листы 31-33.
② Полное собрание законов Российской империи. Собр. 2-е. Т. 39. СПБ., 1867. С. 107-110.
③ Полное собрание законов Российской империи. Собр. 2-е. Т. 39. СПБ., 1867. С. 108.

拥有与俄国人同等的待遇。另一个与移民有直接关系的法律是1864年12月7日颁布的，但由于某些原因没有得以实施。该法律规定，外国人在俄国逗留的时间，要根据自己的护照而定。其中指出，外国人在入境时所持的护照上要有时限规定，外国人最多可以在俄国生活半年，如果在俄国逗留时间更长，需要到警察局办理外国人续留证件。①

尽管第一批朝鲜移民得到了俄国政府的优待，但是他们并没有正式加入俄国国籍。1865年1月14日，滨海省军事总督卡扎科维奇向东西伯利亚总督高尔萨科夫申请，建议接受朝鲜移民加入国有农民之列，但请求遭到拒绝。直至俄朝签订《俄朝修好通商条约》，两国建立外交关系后，俄国朝鲜移民的法律地位才得以最终确定。当时双方暂定，1884年，俄朝建立外交关系之前来到俄国的朝鲜人可以享有与俄国公民同等的权利。所有移民和稍后在俄国落户的人均被视为同时来到俄国境内，应该由朝鲜政府提供证件。来到远东地区的朝鲜人应该每年花5卢布办理特殊证件。随后双方在进行陆路通商谈判时，更进一步探讨了朝鲜移民的法律地位问题，最终俄、朝两国达成的"口头协议"，成为俄国当局为境内朝鲜人确定法律地位的基础。据此，1890年，阿穆尔沿岸辖区总督高尔夫拟定《关于确定阿穆尔沿岸辖区朝鲜人法律地位的建议》。这一建议的实质在于，所有在阿穆尔沿岸辖区农村生活的朝鲜人，将获准加入俄国国籍，他们在土地使用方面将等同于国有农民，免除各种货币和实物的义务。然而，不能被接纳为俄国国籍的朝鲜

---

① Плоное собрание законов Российской империи. Собр. 2-е. Т. 39. СПБ., 1867. С. 469.

人，要求在规定期限内交出土地，返回朝鲜。

1891年7月21日，高尔夫给滨海省军事总督翁特尔别格下发了文件，其中包括对朝鲜移民法律地位更为详细的规定。根据高尔夫的指令，所有在俄朝鲜人将分成三类。

A. 1884年以前迁移至俄国的朝鲜人，归为第一类，对其执行以下规定：

（1）给所有第一类朝鲜人发放由乡长签署的特殊证明，上面标注移民来俄国的时间和家庭成员数量；依据这个证件，形成家庭名册，并将其保存在地方乡级的公共管理部门；

（2）要求这一类朝鲜人必须履行货币、实物、军事义务，他们与在边区生活不少于20年的当地农民享有同样的权利；

（3）如果朝鲜人形成了独立的村或村社，要把他们单独分离出来。每个家庭分得15俄亩带有义务的份地，但不可以租给暂时来乌苏里边区居住的朝鲜人；

（4）将朝鲜村庄列入附近的村社或者由他们形成特殊的与本国农民同样的公共管理部门；

（5）一般情况下允许朝鲜人从一个村社转到另一个村社；

（6）根据地方情况，在合适的时候让所有朝鲜人剪掉盘在头上的发辫；

（7）在合适的时候，让这一类朝鲜人都宣誓加入俄国国籍。

B. 在1884年《俄朝修好通商条约》签订后迁移至俄国，有意愿加入俄国国籍，并履行了第一类朝鲜人义务的，均被列为第二类。其执行以下规定：

（1）向其说明，他们失去了继续使用国有土地的权利，并在失去这些权利之后两年，清理自己的财产返回朝鲜，并放弃他们在俄国耕种的公有土地，将这些土地转交国家；

（2）发给这些朝鲜人俄国征税凭证；

（3）如果两年后没有满足指定的条件，朝鲜人将被视作无证境外迁移者；

（4）在两年内，第二类朝鲜人应该与第一类朝鲜人履行相同的货币和实物义务，但可以免除兵役。如在两年内第二类朝鲜人没有清理完自己的产业，土地将被没收，他们将自动转为第三类。

C. 暂时生活在阿穆尔沿岸辖区的朝鲜人，也就是没有在这里定居，而是来务工的朝鲜人，统归为第三类。他们没有权利住在俄国，并安排自己的经济生活。他们要留在俄国，只能得到俄国的暂时居住证。①

从1885年起，朝鲜人开始实行护照制度。"每个来俄的朝鲜人必须持有本国护照。过境时，护照必须签注，每份护照签注的费用为30戈比"。② 朝鲜人持经过签注的护照可在俄国领土上不受限制地居住一个月，期限过后，必须按规定领取有效期为一年的俄国居住证。领取居住证的收费标准是，每个朝鲜人3卢布③，这被称为"俄国门票"。这种付费的护照制度，使俄国获得了一定的收益。例如，

---

① Песоцкий В. Д. Корейский вопрос в Приамурье. Хабаровск, 1913. С. 2-4.
② 〔俄〕翁特尔别格：《滨海省1856—1898年》，黑龙江大学俄语系研究室译，商务印书馆，1980，第241页。
③ 〔俄〕翁特尔别格：《滨海省1856—1898年》，黑龙江大学俄语系研究室译，商务印书馆，1980，第241页。

1889~1894年，滨海省签发护照和向中国人和朝鲜人出售证件，共征收了54050卢布50戈比，而组织登记发放证件花掉的费用是29314卢布38戈比，因此，政府这一项的纯收入是24736卢布12戈比。那些由于某些原因不能或者不希望得到俄国证件的，由警方确定，强制将其驱逐出境。1893年，滨海省逮捕并移交给朝鲜当局18名无证的朝鲜人。①

1892年，在滨海省和阿穆尔省的朝鲜人村开始确立第一类和第二类朝鲜人的登记簿，其中标注了家庭成员人数、年龄、宗教信仰等信息。在一些村子，这些手册已经在当年秋天完成。我们从里季赫《南乌苏里边区的移民和农民事务》一书中得知："1892年夏天，特别委员会完成了类别划分，在地区长官领导下，考察了所有朝鲜人定居点，包括第一类1855个家庭和第二类1055个家庭。余下的人要在1894年秋天前留下公有土地，离开俄国回到自己的国家。"② 1895年，绥芬地区的朝鲜人进行了入籍宣誓，1896年波谢特地区的朝鲜人随后进行宣誓。1894~1897年，俄国共接收12278名朝鲜人入籍。③

为加入俄国国籍的朝鲜移民分配土地大体是在1897~1898年进行的。1897年夏天，移民局的土地测量员巴尔多谢维奇在达乌杰米村划出了大约830俄亩肥沃的土地，分配给55个家庭。最终，达乌杰米村为所有居民划定了978俄亩土地，平均每户17.8俄亩。除此之外，这个村的学校还获得101俄亩土地。因此，朝鲜移民成为阿穆尔沿岸辖区唯

---

① АВПРИ. Ф. Чиновник по дипломатической части. Оп. 579. Д. 307. Л. 405.
② Риттих А. А. Переселенческое и крестьянское дело в Южно-Уссурийском крае СПБ. 1899. С. 33.
③ РГИАДВ. Ф. 1284. Оп. 185. Д. 11. Л. 38.

一由相邻国家移民至此的外国开拓者,他们在法律的允许下获得了长久使用份地的权利。所有加入俄国国籍的朝鲜移民均获得每户不少于15俄亩的土地。而第三类朝鲜人按要求被赶出朝鲜人村,尽管朝鲜人积极地向俄国当局提出申请,请求继续生活在俄国境内,但均遭驳回。其中一部分人返回朝鲜,还有一部分人进入中国东北地区,因为19世纪80年代初,中国已积极着手向东北地区安置居民,并多次试图将落户在乌苏里地区的朝鲜人吸引到自己的领土上,并向他们承诺,每个家庭分配24头牲畜和土地作为补贴,唯一的条件就是朝鲜人在中国的土地上要穿中国的服饰,梳中国的头型和戴中国发饰。①

由此可见,虽然在急需劳动力开发远东的大背景下,俄国采取了积极安置朝鲜移民的政策。但这项政策引起了中、朝两国不满,两国针对此问题与俄国进行了多次交涉,在中、朝两国的压力下,俄国将其境内的朝鲜移民进行了分类,最终仅部分接收了朝鲜移民加入俄国国籍。

二 限制朝鲜人涌入俄国

(一) 哈巴罗夫斯克大会关于朝鲜移民问题的讨论

19世纪80~90年代,朝鲜人向乌苏里地区移民的人数急剧增加,其中在南乌苏里边区18个村庄里落户的朝鲜人共6663人。除此之外,在符拉迪沃斯托克生活着420人,布拉戈维申斯克720人,哈巴罗夫斯克104人。阿穆尔省,

---

① Рапорт пограничного комиссара в Южно-Уссурийском крае Матюнина военному губернатору Приморской области. С. Никольское, 26января1881г. - РГИА ДВ. Фонд1. Опись1. Единица хранения825. Лист 19.

主要是在布拉戈斯洛维诺耶村，共593人。在阿穆尔沿岸辖区登记定居的朝鲜人共计8500人，而外国籍朝鲜人有1.25万人。每年从朝鲜来到阿穆尔沿岸辖区务工的人数就达到3000人。① 由此，阿穆尔沿岸辖区政府官员中出现了一些反对声音，即继续允许朝鲜人向俄国领土迁移极不可取。1882年，南乌苏里边区专员玛秋宁向东西伯利亚总督提出，有必要将波谢特地区的朝鲜人向北安置。1882年12月15日，边境长官维纽科夫向总督递交了将移民向北迁移的方案，并提出要禁止朝鲜人继续向俄国境内迁移。这一问题随后成为几次哈巴罗夫斯克大会的讨论焦点。

1885年，阿穆尔沿岸辖区地方长官和企业代表召开哈巴罗夫斯克第一届代表大会，阿穆尔沿岸辖区总督高尔夫表示，不应再允许朝鲜人继续向俄国境内迁移，而早期安置下来的朝鲜人，也应远离边境，需要不断地将其安置在边区内陆并把他们安插在俄国人中，编入村庄。在会上，朝鲜问题专家亦提出："未来，绝不允许朝鲜人继续来到我国境内，绝不允许将朝鲜人列入在波谢特地区形成的朝鲜人社会。那些每年都来我国务工的朝鲜人，数量已达到3000人，我们应该像对待中国人一样征收他们的货币税。不允许朝鲜人在金矿工作。"②

1886年，哈巴罗夫斯克举行了第二次总督和阿穆尔沿岸辖区地方政府代表大会。第二次哈巴罗夫斯克大会听取了滨海和阿穆尔地区朝鲜人问题委员会的报告。他们认为，在来到俄国初期，朝鲜人由于勤劳、顺从，受到俄国当局

---

① НадаровИ. П. Второй Хабаровский съезд. Владивосток，1886. С. 11.
② Владивосток. 1886，27 апр.

认可,并得到了积极安置。但阿穆尔沿岸辖区总督建议:"需要讨论朝鲜人是否有害?当俄国人完全没有到达边区的时候,我们很欢迎朝鲜人,但是当他们日渐使土地变得枯竭,我们应该如何对待他们?"① 大会最后做出如下决定。

第一,居住在南乌苏里边区的朝鲜人,要从边界地区搬到阿穆尔省和乌苏里江和霍尔河右岸,以及南乌苏里边区的奥尔金县。在波谢特地区,由于当地气候条件不适合俄国人耕种土地,那里可以保留6个朝鲜人村,即扬齐河、法塔石、棘心河、梁赞诺夫、阿吉密和西吉密。迁移的朝鲜人5年内可以免除所有义务,为他们建立教堂和学校。

第二,禁止朝鲜人保留本民族装束——头发盘在头顶。教朝鲜儿童学穿俄式服装。

第三,禁止朝鲜人继续向俄国境内迁移。每年到俄国务工的朝鲜人数有3000人,应该像对待中国人一样,向他们征一定的税。

第四,不允许朝鲜人在俄国的金矿工作。②

第二届哈巴罗夫斯克大会最终决定,不允许朝鲜人继续移民,而早期的移民要安置在那些暂时不适合俄国农民居住的边区内陆。这个思想的主要传播者纳塔罗夫这样写道:"乌苏里地区北部在霍尔河沿岸、基耶和齐尔科河两岸有较好的土地,但是被森林覆盖,应在这些河的两岸建立一些朝鲜人村,他们可以在没有牲畜的帮助下,用自己的双手开垦这片土地。这个地方将不会很快安置俄国人,因

---

① НадаровИ. П. Второй Хабаровский съезд. Владивосток,1886. С. 23.
② НадаровИ. П. Второй Хабаровский съезд. Владивосток,1886. С. 22 – 23.

为有大量蚊蝇，在那里使用牲畜非常困难。"① 换句话说，朝鲜农民被赶出了他们在南乌苏里边区已经开发好的土地，来到一片未知之地。朝鲜农民将作为"先驱者"在北乌苏里地区开发荆棘的土地。

1893 年，阿穆尔沿岸辖区总督高尔夫又召开第三次总督和地方企业代表参与的哈巴罗夫斯克大会，以解决朝鲜移民问题。大会再次得出结论："朝鲜人在南乌苏里边区定居后，尽管为这里带来了粮食的增产，但随着俄国居民的增加，他们存在的必要性逐年减少，况且他们耕种土地是消耗性的。"②

但是，俄国政府对朝鲜移民的限制和禁止迁入政策遭到了俄国社会的普遍反对和朝鲜移民的抗议。著名企业活动家、记者斯卡利科夫斯基曾写道："如果为了让大量肥沃土地留在俄国居民的手中，禁止朝鲜人继续向我国移民，应该说是必要的。但由于乌苏里地区和阿穆尔的土地暂时还有大量剩余，因此，我们接纳数以万计的朝鲜人，完全是没有危险的。"③ 著名作家马克西莫夫在《新时代》报纸上发表的文章《俄国与朝鲜》在当时引起了较大反响。他写道："我们如何冷静地看待这史无前例的移民。我们对待他们更冷漠，更没有人情味，这个移民悲伤的历史给我们民族的心灵留下了黑暗的阴影。由于无知、冷漠和地方政

---

① Надаров И. П. Материалы к изучению Уссурийского края. Владивосток, 1886. С. 26.
② Корейцы Приамурского края. Краткий исторический очерк переселения корейцев в Южно-Уссурийский край. Приложение к №83 «Приамурских ведомастей» за 1895 г. С. 35.
③ Скальковский К. А. Русская торговля в Тихом океане. СПБ., 1883. С. 9.

府代表的不作为,数以百计的移民在我们国家死于饥饿,甚至是射击。历史是那样触目惊心!"① 1894年1月13日,波谢特地区16个朝鲜移民村联合向俄国地方当局抗议,认为朝鲜移民久居于此,并从事农业生产,也履行了各种义务,甚至一部分人信奉了东正教,但是,当朝鲜语翻译帮忙将请愿书递给地方当局时,却遭到逮捕。

由上可见,19世纪80年代,随着朝鲜移民人数的增加,俄国政府开始对远东地区的安全产生忧虑,并做出限制朝鲜移民入境的决定。虽然此项措施遭到民众的反对和朝鲜移民的抗议,但俄国政府依然决心对此前毫不限制朝鲜人入境的行为进行干预。

(二) 1886年11月22日法令

1886年11月22日法令,在俄国文献中几乎完全没有被提及。事实上,这项法令来源于第二届哈巴罗夫斯克大会上的最终决定,即不允许朝鲜人继续移民,而早期移民要安置在那些暂时不适合俄国农民居住的远东内陆。该决定最终于1886年11月22日获得沙皇批准,法令规定:"现在禁止朝鲜人来到俄国境内、禁止从中国和朝鲜境内来的其他人定居在与中国和朝鲜接壤的地区,只有在得到内务部和阿穆尔沿岸辖区的共同批准下,才可以让已经在俄国境内定居的朝鲜人进入边区内陆。"②

第二次哈巴罗夫斯克大会的决定最终得以被沙皇批准,并形成法令主要源于两个因素:第一,避免由朝鲜人越境带来俄朝两国的纠纷。南乌苏里边区长官玛丘宁经常与俄

---

① Новое время. 1884, 24 сентября/октября.
② РГИАДВ. Ф. 702. Оп. 1. Д. 94. Л. 32.

国境内的朝鲜人打交道,他发现,有些朝鲜人经常自由往返于俄朝之间,毫无法律法规约束,长此以往,会带来在俄朝鲜人与在朝鲜生活的同胞之间的误解,并会为俄国和朝鲜政府带来一定经济问题和其他利益上的纠纷。第二,19世纪80年代初,中国提出索回波谢特地区,这使俄国意识到加紧对该地区控制的重要性。由于波谢特地区拥有出海口,且与朝鲜接壤,中国对这一地区的影响一直较大。正如1895年秋天《符拉迪沃斯托克》在报道西涅尔尼科沃村时写道:"这是一个朝鲜人村,在入口处有十字架、教堂和学校。外表上看,那里生活着东正教徒……但是,仔细地观察这个村子的生活后会惊奇地发现,那里占优势的还是中国龙,这在东正教徒朝鲜人的家里供奉着。"① 虽然,以上描述的是绥芬地区的西涅尔尼科沃村,但它同时可以代表波谢特地区的特点。80年代初,那些朝鲜移民村特别是没有俄国哨卡的朝鲜移民村,这种现象更为严重。正是由于与朝鲜毗邻的边境地区的严峻形势,才有了1886年11月22日法令的出台。

为确保11月22日法令的顺利实施,完成将朝鲜移民迁移至内陆地区的行动,国家为迁移者提供资金、农具、牲畜;迁移活动定于第二年春季进行,以便让朝鲜移民在夏天可以到达目的地,在冬天来临之前能够安排好住所、粮食,并为牲畜储备饲料。

在法令具体操作的细节方面,滨海省军事总督奥梅利亚诺维奇—帕夫连科夫建议:

第一,"朝鲜人不能全体迁移,也就是说不能整村迁

---

① Владивосток. 1895, 20 окт.

走,等到最近的一批人找到新住所,着手耕地并储备好粮食,过1~2年,再让其他人迁移"①。

第二,对朝鲜移民在南乌苏里边区的迁移活动进行监督,并对地方警察工作加以协助。

第三,为弥补安置朝鲜人带来的物质损失,应操作如下。其一,经南乌苏里边区警察局确定,大概每个人或者每个家庭留在原住地的房屋和其他公共设施的平均价值为130卢布,朝鲜人应根据原居住地个人所有房屋的面积和成本将这些钱上交。其二,为村子的公共设施,如教堂、学校、住房等进行估价并给予补偿。朝鲜人应该把得到的资金用于建设新居住地。朝鲜人留在波谢特地区的建筑应该由政府处理。其三,朝鲜人定居到新地区后所空出来的南乌苏里边区土地,可以提供给从欧俄地区迁来的俄国居民。朝鲜人来到新的居住地可以免除10年的代役租、3年的货币和实物地租。②奥梅利亚诺维奇—帕夫连科夫指出,可以在第一次耕种收获前的一年半时间里,为朝鲜人提供贷款购买军粮;在朝鲜人社会需要资金援助的紧急情况下,可以以相互担保贷款的方式,为朝鲜农民划拨可耕土地。③

然而,1886年11月22日法令的负面作用显而易见,因为它使波谢特地区事实上损失了大量居民,他们正是劳动力和缴纳租税的主要群体。正如奥梅利亚诺维奇—帕夫连科夫提到的:"将朝鲜人驱赶出波谢特地区会使那里损失居民,导致没有人缴纳实物地租,这在此前完全由朝鲜人

---

① РГИАДВ. Ф. 702. Оп. 1. Д. 94. Л. 11об.
② РГИАДВ. Ф. 702. Оп. 1. Д. 94. Л. 15.
③ РГИАДВ. Ф. 702. Оп. 1. Д. 94. Л. 15об. –16.

承担。因此，只有当这片土地有新住户的时候，再把朝鲜人迁走才是最有利的。最后，应该指出，南乌苏里边区的朝鲜人在经济方面带来了不少益处，特别是种植小麦、燕麦等作物方面。例如，往年从朝鲜人那里购买的小麦和燕麦大约有70740普特，而从俄国农民手里购买的燕麦和小麦有38195普特，从哥萨克那里购买的仅有6395普特。"① 1889年3月18日，新上任的滨海省军事总督翁特尔别格也意识到这一点。他认为，生活在波谢特地区的朝鲜移民为远东地区带来了诸多利益，无论是在农业生产上，还是在缴纳各种土地捐税方面，朝鲜移民的贡献不容否认。此外，朝鲜移民还可以修路，可以为运输提供劳力。"不应该用自由的俄国移民者占有被赶走的朝鲜移民剩下的土地，这甚至会使波谢特的捐税和交通费面临困难。但是如果南乌苏里边区找不到其他更合适的地方，或者由于其他原因，俄国移民非常希望定居在波谢特地区，那么关于朝鲜移民的问题应该重新深入而认真地探讨。首先取决于我们军事以及资金力量在与中国发生战争的时候保护波谢特地区的安全程度；其次取决于与俄国人的同化程度。"② 可见，翁特尔别格也不赞同立即迁移朝鲜移民，他甚至认为，在朝鲜移民被俄国同化比较好的情况下，可以暂时允许其住在波谢特地区。正如他曾说道："关于生活在我国境内南乌苏里边区朝鲜人向内陆迁移的益处是公认的，现阶段在任何情况下执行这项措施，给我们带来的害处都会比益处多。"③

---

① РГИАДВ. Ф. 702. Оп. 1. Д. 94. Л. 20 – 20об.
② РГИАДВ. Ф. 702. Оп. 1. Д. 94. Л. 44.
③ РГИАДВ. Ф. 702. Оп. 1. Д. 94. Л. 45.

如果一定要迁移的话，翁特尔别格建议要提前进行必要的调查，并且国家要为此拨付充足的资金。为解决朝鲜移民的内迁问题，翁特尔别格向阿穆尔沿岸辖区总督高尔夫建议道："总体上赞同奥梅利亚诺维奇—帕夫连科夫的方案。但有必要预先考察好阿穆尔和乌苏里地区有可能安置朝鲜人的地方，……什么时候将朝鲜人迁出，要等这些专项款到位，才能着手进行。"①

1886年11月22日法令的出台，是俄国政府力争尽最大努力保护国家边境安全的直接反映。但是，地方政府为解决劳动力供应，以及地方赋税问题，并未立即执行中央政府迁移朝鲜移民的法令。事实上，由于地方政府资金短缺，这一法令并未达到预定目标。

三　增加远东俄国移民，加紧对东北亚的侵略步伐

19世纪80年代，世界大国在东北亚和朝鲜的经济政治力量急剧增长。继1876年日本与朝鲜签订《江华条约》，敲开朝鲜国门后，1882年5月20日，美国与朝鲜签订了《朝美修好通商条约》，美国成为西方列强中最早进入朝鲜半岛的国家。由此，美国顺利地取得了在朝鲜的通商权、领事裁判权和"最惠国待遇"等特权。此后，西方其他大国纷纷效仿，英、德、意等国先后与朝鲜签订了类似条约，朝鲜从此卷入列强争夺的旋涡之中。为了加强对太平洋沿岸的影响，俄国政府在19世纪80年代初亦采取了一系列措施。

首先，加紧对朝鲜的侵略步伐，在东北亚实施更为积极的外交政策。在西方列强入侵朝鲜初期，俄国并没有急

---

① РГИАДВ. Ф. 702. Оп. 1. Д. 94. Л. 19 – 19об.

于行动，而在认清形势之后，制定了《朝鲜和日本发生冲突时边境当局必须遵守的新方针》："此前，我们没有和朝鲜中央政府发生任何关系，这对我们来讲，似乎没有特别充足的理由急于确立这种关系。外交部很清楚从这片土地归我们所有之日起，在我们和朝鲜毗邻的边境上就没有发生过重大纠纷……，总之，目前我们还没有完全料理好南乌苏里和滨海省的事情，似乎，现在没有和朝鲜建立关系对我们来说有一定的好处，……在一定时期内，维持朝鲜的现状是我们非常愿意看到的。"① 可见，俄国初期采取了观望态度。但随着西方列强纷纷与朝鲜签订贸易协约，俄国也不甘落后地积极筹划意欲加入。正如当时俄国交通大臣波谢特所说："由于滨海省和阿穆尔省苦于缺乏谷物、牲畜和劳动力，而朝鲜却具备这些东西，所以有必要和它建立密切的关系。"② 同时，俄国人认为："朝鲜一旦为俄国的敌国所有，不仅会成为往不封冻海面的一个障碍，而且也会成为往南方市场的一个障碍。谁控制了朝鲜，谁就可以控制日本海和海参崴的孔道。没有朝鲜，俄国就不敢保证保留住它在西伯利亚已经获得的一切，更谈不到什么渗入满洲了。"③ 1884 年 7 月 7 日，俄国与朝鲜最终签署了《朝俄修好通商条约》。根据此条约，俄国从朝鲜方面获得包括治外法权在内的诸多特权，俄国成功地使自己变成了"朝

---

① Пак Б. Б. Русская дипломатия и японо-корейский Канхваский договор 1876 г. //Взаимоотношения народовРоссии, Сибири и стран Востока：история и современность-Иркутск，1996. С. 233 – 234.
② 〔美〕安德鲁·马洛泽莫夫：《俄国的远东政策（1881—1904）》，商务印书馆编译组译，商务印书馆，1977，第 18 页。
③ 〔美〕泰勒·丹涅特：《美国人在东亚》，姚曾廙译，商务印书馆，1959，第 400～401 页。

鲜羊群中的另一条狼"。①

其次，增加阿穆尔省和滨海省俄国居民的数量。19世纪70年代末至80年代初，俄国对远东地区加强控制，加大本国居民向滨海省南乌苏里边区的安置力度，特别是1881年3月1日，亚历山大三世登基，在了解远东地区政治形势和社会经济状况后，要求政策更多地关注这个地区。此前，陆上移民需要穿越整个西伯利亚困难重重，移民往往为了谋求生路，在未到达预定地点前，就在西伯利亚沿途定居下来。大概从1869年起，向阿穆尔省移民的俄国人的数量逐渐减少，对滨海省的垦殖进展得也非常缓慢。既然陆路移民不能令人满意，俄国政府开始尝试进行海路移民。

1881年下半年，前东西伯利亚总督阿努钦将军提议将俄国欧洲部分农民经海路向南乌苏里边区迁移，这项提案较此前的移民方案有两大特色：其一，主张官费移民；其二，该移民法案专门针对俄国农民，外来移民不包括在内。

自1882年6月1日起，一系列移民规则通过新的法律形式确定下来，这便是俄国政府颁布的《关于向南乌苏里边区官费移民法令》。其中规定，自1883年起三年内，每年由国家出资将俄国欧洲部分的250户居民经海路迁移至南乌苏里边区；移民拖欠未缴的税款和赎金，一律免除，不须村社负责；同样，移民拖欠村社和地方的税款，也予以豁免。前者由村社自行弥补，后者若地方不予免除，可用移民退出村社后留下的土地抵偿。移民从原籍到登船地点的路费，一概自行负担。凡迁入南乌苏里边区的每位男性可

---

① 〔美〕泰勒·丹涅特：《美国人在东亚》，姚曾廙译，商务印书馆，1959，第428页。

分得不少于15俄亩合适的土地,每户可分得不超过100俄亩土地。移民可以按每俄亩3卢布的价格把这些土地购为私产。自迁入南乌苏里地区之日起,前5年内移民可免于负担国家赋税和徭役,他们仅承担村社徭役。上述期满以后,将土地购为私产的移民须缴纳特别土地税,而未将分得的土地购为私产的移民,除土地税外,还须缴纳地租,其数额将由制定的规章确定。至于兵役,移民须遵照阿穆尔沿岸辖区将为此制定的一般规则行事。然而,其中迁移时年龄在15岁以上者,可不受兵役条例第4款规定的约束;按该款的规定,年龄在15岁以上的人,应按照一般原则服兵役。①

为了吸引移民,政府除了提供100俄亩农田、承担所有移民产生的费用,还会在一年半内免费提供粮食、牲畜、种子等。平均每个移民分发1300卢布。1883~1885年三年间,从切尔尼高夫省迁移至南乌苏里边区的国有农民有4710名,为此,政府几乎花费了百万卢布。② 1887年5月12日,俄国进一步扩大了资助对象的范围。不仅获准1882年移民条例再延长6年有效期,还规定自费移民也可以享受相应的优惠待遇。同时规定,自费移民除川资外,在符拉迪沃斯托克登陆以后,每户还有约600卢布的现金,用以购买牲畜和初步安家之用。除川资外没有这笔钱的移民,由国库发放贷款,分33年还清。③ 优厚的待遇不仅吸引着俄

---

① 〔俄〕翁特尔别格:《滨海省1856—1898年》,黑龙江大学俄语系研究室译,商务印书馆,1980,第71~72页。
② Всеподданнейший отчет о сотоянии Приамурского края с 1886 по 1891 год. - АВПРИ. Фонд《Тихо океанский стол, 1896 - 1980》. Дело1089. Лист5.
③ Алексеев А. И., Морозов Б. Н. Освоение русского Дальнего Востока. Конец XIX в. - 1917 г., М: Наука, 1989. С. 7 - 10.

国公费的农民，还鼓舞了更多的人自费来远东，他们被称为自费移民者。从1884年起，自愿来远东的人有1474户家庭，共8998人。他们被安置在乌苏里地区65个村子里，其中56个村子都是新成立的。大量的移民主要安置在乌苏里地区南部兴凯湖和符拉迪沃斯托克之间的地区，还有大彼得湾东岸。

在鼓励海路移民的同时，陆路移民也并未放松，俄国政府曾两次延长1861年移民法令的有效期。但两次延长都有限制外来居民、保护本国移民的补充规定。例如，1882年俄国宣布延长1861年法令的有效期，但特别强调，除特殊情况外，非俄国籍居民不能享受优惠待遇；1892年该法令再次延长期限，其中更加明确了非俄国籍居民不得在这一地区购买土地的规定。由于俄国政府更加注重本国居民的移民活动，致使这一阶段俄国移居者的数量出现了明显增长。1881~1905年，远东地区俄国居民的人数从67708人增加到382558人。[1] 其中，1893~1896年，迁移至阿穆尔省的农民有29194人，滨海省有18069名农民和哥萨克。1897~1903年，绝大多数移民者定居在滨海省，数量为60034人，而阿穆尔省是23731人。[2] 1883~1892年，迁移至南乌苏里边区的俄国人达到19490人。由此，俄国人不断地深入远东地区，甚至进入俄朝边境地带，从某种意义上来讲，俄国对乌苏里地区的实质垦殖开始于19世纪80年代。

---

[1] Кабузан В. М. Дальневосточный край в ⅩⅦ-начале ⅩⅩ вв. (1640–1917). Ист-демогр. очерк. М：Наука. 1969. C. 64.

[2] Соловьев Ф. В. Китайское отходничество на Дальнем Востоке России в эпоху капитализма (1861–1917 гг.). М., 1989. C. 352.

此后，俄国远东地区，特别是滨海省和阿穆尔省的俄国居民人数大幅上升，许多俄国农民来到新居住地后，由于缺少资金和畜力，无法按此前的方式进行农业生产，劳动生产率十分低下。其中大部分移民者留在农村，还有一部分人到城市务工，充当雇用劳动者。相对而言，朝鲜移民数量的增加幅度十分有限，1882～1902年，滨海省朝鲜居民的人数仅从10137人增加到32380人。①

第三节 地方行政机关的灵活态度

一 阿穆尔沿岸辖区总督杜霍夫斯基对朝鲜移民的宽松政策

1893年，阿穆尔沿岸辖区新一任总督杜霍夫斯基走马上任，他对阿穆尔沿岸辖区的朝鲜人有新的看法。他认为："应该尽可能丰富边区，哪怕是用朝鲜人，完全可以采取措施来加速让他们俄国化。"②他主张为了公共利益，要毫不拖延地接收第一类朝鲜人入籍，并把他们看成对边区有益的人而改善他们的物质状况；同时，杜霍夫斯基认为没有必要立即驱逐第二类朝鲜人，在延迟期可以收取他们的土地使用费；然后，又吩咐人重新审订这类朝鲜人的权利，在允许的范围内尽可能为他们提供优惠。

1893～1895年杜霍夫斯基在报告中写道："前两类朝鲜人，如果在边区生活很多年，完全适应了俄国的政治和法

---

① Всеподданнейший отчет Приамурского генерал-губернатора с сентября 1884г. по июль 1886г. -РГИА ДВ702. Опись7. Единица хранения48. лист8.
② Песоцкий В. Д. Корейский вопрос в Приамурье. Хабаровск, 1913. C. 113.

律，并长久以来一直希望加入俄国国籍，我们完全没有理由把这些勤劳的居民驱赶出境。况且这些措施的结果很明显，会使中国东北的居民增加。我认为，应该完全接收绥芬地区和波谢特地区第一类朝鲜人全部加入俄国国籍，让这些朝鲜人继续生活在该地，在使用土地方面享有与我国农民同等的权利。"① 除此之外，他下令从1896年1月1日起，向朝鲜移民征收国家和地方税种，逃税的农民，不能享受任何优待。杜霍夫斯基甚至打算吸收其余继续在俄国定居并得到一定好评的朝鲜移民加入俄国国籍。他说："至于其他居民，和应该撤走的朝鲜人，我打算使用法律提供给我的权利，允许他们加入俄国国籍，在法律允许的框架下，我将请求沙皇陛下恩准。"②

以上资料不仅表明了杜霍夫斯基在朝鲜人问题上的立场，还确定了解决问题的基本方向。与此同时，他要求滨海省军事总督全力采取措施加速对朝鲜移民的同化工作，例如，让他们掌握俄语，尽快适应俄国的生活习惯和文化，改变其民族服饰和发型。由于杜霍夫斯基采取了宽松的政策，第二类和第三类朝鲜人亦积极请求加入俄国国籍。

1894年，杜霍夫斯基允许朝鲜移民在边远地区霍尔河流域租种国有土地，结果在离哈巴罗夫斯克80俄里处形成了新的朝鲜移民村阿列克谢—米哈依洛夫卡。在伊曼河流域出现了卢基扬诺夫卡村和阿夫谷斯多夫卡村。从1895年

---

① Духовской С. М. Всеподданнейший отчет Приамурского генерал-убернатора. 1893, 1894, 1895 годы. СПБ., 1895. С. 29.
② Духовской С. М. Всеподданнейший отчет Приамурского генерал-губернатора генерал-лейтенанта Духовского. 1893, 1894 и 1895 годы. СПБ., 1895. С. 28 – 29.

春天开始,在南乌苏里边区出现一批新的朝鲜移民,其中大多是务农者。他们作为劳动力受雇于俄国农民,春、夏、秋三季做农工,还有一些人在煤矿场从事建筑工作,到伐木场当伐木工,或者夏天组成工程队去捕鱼,亦有人进入金矿。夏天,大部分移民在村子和私人业主的土地上工作,如果收成较好,他们可以留到冬天,在下一年继续租种耕地。在租种的土地上,朝鲜农民可以获得秋季收成的50%,并成功地购置产业、建造房屋,将自己的家人从朝鲜接来安居。

依据杜霍夫斯基的政策,那些在1884~1888年来到俄国的朝鲜人也加入了俄国国籍。在1897年全俄第一次人口普查中,14084名朝鲜人加入俄国国籍,还有一些符合条件的朝鲜人提出入籍请求,正在政府的审理当中(也就是不仅包括形式上加入俄国国籍的,还包括允许其加入,但还没有宣誓的),占俄国远东朝鲜移民登记人数的57.94%。[1]

虽然俄国中央政府对朝鲜移民采取了限制政策,但在地方政府的宽松环境下,俄国的朝鲜移民数量仍有所增长(见表2-1)。1895年阿穆尔沿岸辖区官方数字显示,朝鲜移民共1.84万人,其中1.67万人长期居住在滨海省的绥芬地区和波谢特地区,600人生活在哈巴罗夫斯克市附近,在阿穆尔省米哈依洛夫—谢缅诺夫镇的布拉戈斯洛维诺耶村生活着1100人。[2]

---

[1] АВПРИ. Ф. Тихоокеанский стол. Оп. 487. Д. 762. Л. 111.
[2] Духовской С. М. Всеподданнейший отчет Приамурского генерал-убернатора. 1893, 1894, 1895 годы. СПБ., 1895. С. 28.

表 2-1　乌苏里地区安置朝鲜移民的数据

单位：人

年份	移民人数	平均每年
1883~1889	12340	1763
1890~1895	12445	2074
1896~1901	40280	6713
总数	65065	3424

资料来源：Пак Б. Д. Корейцы в Российской империи. Изд. 2-е, испр. Иркутск, 1994. С. 55.

二　阿穆尔沿岸辖区总督格罗杰科夫对朝鲜移民宽松政策的延续

1898年杜霍夫斯基卸任，阿穆尔沿岸辖区新上任的总督格罗杰科夫（1898~1902年）延续了杜霍夫斯基对朝鲜移民的宽松政策。1898年，阿穆尔沿岸辖区成立中国和朝鲜移民管理委员会，并编制了《阿穆尔沿岸辖区中国人和朝鲜人条例》。据此，俄国地方当局将所有余下没有宣誓的第一类朝鲜人全部批准加入俄国国籍，并承诺允许在乌苏里地区生活5年以上的第二类朝鲜人也加入俄国国籍，第三类朝鲜人可以生活在伊曼河、霍尔河、基耶河和阿穆尔河沿岸。[①] 格罗杰科夫还决定，吸收1900年迁移至俄国的朝鲜人加入俄国国籍，将他们划入国有农民行列，同时责成所有加入俄国国籍的人剪去辫子，并给每个家庭划分50俄亩土地。在税收上与俄国居民同等对待，但要采取措施加

---

① Песоцкий В. Д. Корейский вопрос в Приамурье. Хабаровск, 1913. С. 114.

快同化速度。1894年,从海路来到阿穆尔沿岸辖区的朝鲜人达到9980人,其中3995人进入符拉迪沃斯托克,5985人到阿穆尔省。阿穆尔沿岸辖区官员切尔纳耶夫提供的资料显示,1893~1894年117人定居在农村的份地、336人在哥萨克的份地、61350人在个人土地或城市管理局的土地上,还有650人在森管局。①

格罗杰科夫虽然延续了对朝鲜移民的宽松政策,努力让已定居的朝鲜移民成为远东地区的主要劳动力,以及税收和证件费用的主要承担者,但他仍然反对朝鲜人向俄国边界过度渗入。为此,1900年,在符拉迪沃斯托克和布拉戈维申斯克组建了由地方当局和工业企业广泛参与的委员会。该委员会一方面鼓励远东地区的城市、乡村和采金业等各行业大力使用朝鲜劳动力;另一方面,制定政策避免远东地区朝鲜移民的数量增长过快。例如,委员会命令滨海省将中国人限制在3.5万人,朝鲜人限制在1.2万人,朝鲜人办理证件的费用提高到4卢布。至1898年,阿穆尔省(不包括结雅区)共12163名中国人和1542名朝鲜人,其中布拉戈维申斯克3937名中国人和101名朝鲜人,金矿上有5454名中国人和1441名朝鲜人。委员会数据显示,滨海省共计33138名中国人和10923名朝鲜人。②

---

① Ким Сын Хва. Очерки по истории советских корейцев. Алма-Ата Наука. 1965. С. 31.

② Об условиях вселения в Приамурское генерал-губернаторство и в Забайкальскую область Иркутского генерал-губернаторства иностранных подданных и проживания их в пределах означенных местностей. Проект представления министра внутренних дел в Государственную Думу, январь 1914г., №4563-АВПРИ. Фонд 《Тихоокеанский стол, 1906–1915гг.》 Дело770. Лист160.

1863~1905年40多年间，俄国政府对朝鲜移民的政策经历了由鼓励到限制的转变，但在杜霍夫斯基和格罗杰科夫灵活政策的影响下，俄国境内朝鲜移民的人数依然稳步增长。1891~1902年，滨海省朝鲜移民人数增加19523人，增长了1.5倍（见表2-2）。

表2-2 1891~1902年滨海省朝鲜移民数量

年份	朝鲜移民人数
1891	12857
1898	23000
1899	27000
1902	32380

资料来源：Ким Сын Хва. Очерки по истории советских корейцев. Алма-Ата Наука. 1965. С. 40.

此间，来到俄国的不仅有长期定居的朝鲜人，还有大量到符拉迪沃斯托克和南乌苏里边区短期务工者。1879年夏天，从朝鲜来到滨海南部打短工的农民数量达到1500人。①

三 19世纪末俄国远东地区朝鲜移民村的行政区划及分布

随着俄国朝鲜移民数量逐年增加，他们在远东地区逐渐形成了独立的朝鲜移民村庄。19世纪末，俄国远东朝鲜移民村庄达到几十个，主要集中在阿穆尔沿岸辖区的滨海

---

① АВПРИ. Ф. Чиновник по дипломатической части. Оп. 579. Д. 307. Л. 102.

省①和阿穆尔省②。

(一) 滨海省的朝鲜移民村

1864~1897年，滨海省由9个区组成：南乌苏里地区、乌苏里哥萨克地区、哈巴罗夫斯克地区、乌第区、鄂霍茨克区、吉日吉斯克区、彼得罗巴甫洛夫斯克区、安纳德尔斯克区、科曼多尔群岛区。其中南乌苏里地区是朝鲜移民的主要聚居地，绝大多数朝鲜人来到俄国时，均定居于南乌苏里地区。正如翁特尔别格所言："在当时，这个区无论是政治上还是经济上都在整个滨海省起着独特的作用。"③

滨海省的朝鲜移民村主要有以下几个。

棘心河（Тизинхэ），1863~1864年建立的第一个朝鲜移民村。1864年9月25日，《东西伯利亚常备军监察员奥尔登堡上校的备忘录》中提到了棘心河村的由来："诺夫哥罗德港东西伯利亚营第3常备军第4连连长提到，14户朝鲜家庭共65人从朝鲜迁移至滨海省，在诺夫哥罗德哨卡15俄里处建立农舍。他们已开始种菜、耕地并承诺通过自己的劳动完全可以为当地经济服务。这使我产生了一个愿望，想要看看他们生活的地方。于是我沿棘心河而下，这里是朝

---

① 滨海省1856年形成，由彼得罗巴甫洛夫斯克、鄂霍茨克、乌第、吉日吉斯克、索菲斯克地区组成。1880年又分出哈巴罗夫斯克区。1888年成立了安纳德尔斯克区和南乌苏里地区。1889年滨海省又出现乌苏里哥萨克军区，由6个独立的军事行政区组成：波谢特、绥芬、兴凯、苏城、奥尔金和上乌苏里斯克。滨海省首府是符拉迪沃斯托克。——Пак. Б. Д. Корейцы в Российской империи，Иркутск，1994. С. 87.
② 阿穆尔省形成于1858年。1888~1902年由阿穆尔、结雅、布列因斯克矿警区、下谢列吉斯克、加林斯克和兴安岭矿区组成。1902年后，阿穆尔省包括阿穆尔县、布列因斯克、结雅、加林斯克和兴安岭矿区，以及阿穆尔哥萨克军区。阿穆尔省首府是布拉戈维申斯克。——Пак. Б. Д. Корейцы в Российской империи，Иркутск，1994. С. 87.
③ Унтербергер П. Ф. Приморская область. 1856 - 1898гг. СПБ. 1900. С. 65.

鲜移民定居的地方。事实上，发现了 8 间农舍非常整齐地排列，可以播种大麦、荞麦、玉米的土地足有 15 俄亩，……依据梁赞诺夫所言，还有 100 个家庭欲定居此地。他们十分担心被遣返回朝鲜，因为回国后按着当时的法律一定会被处死。由于自带足够的牲畜和农具，安置迁移来的朝鲜人不需要太多成本。如果需要帮助的话，就是在耕地收获之前，通过赊账的方式向他们出售食品。为了让朝鲜人积极种植燕麦、黑麦，完全可以在初次耕种时免费为他们提供种子。"①

1868 年，棘心河村创建了第一所俄语学校。棘心河为了建立这所学校一共获得 100 卢布的资助，还有相应的学习用品，包括：29 个字母表、10 块黑板、50 支铅笔、3 盒粉笔、200 支笔和 10 把尺。至 1868 年正式开学时，学校有 20 个朝鲜男孩。② 1880～1884 年棘心河村成为棘心河流域的中心。1891～1893 年，村子建立 30 年后，旅行者施列依捷尔来到这里，与许多学者一样，他也特别关注到了朝鲜人的耕种能力："棘心河是边区最老的朝鲜人村，短短 2～3 俄里，就会有非常漂亮的、整齐的农田映入眼帘，一排排作物笔直地排列着，没有一点杂草……，朝鲜人住房非常稀疏，棘心河村的中心部分由相当宽和统一的街道组成，沿着它走会发现当地最富有的朝鲜人的住房。"③

---

① Докладная записка исполняющего должность инспектора линейных батальонов Восточной Сибири, расположенных в Приморской области, полковника Ольденбурга 25 сентября 1864 г., г. Николаевск (документ N 1) // Корейцы на российском Дальнем Востоке. С. 17.
② Петров А. И. Корейская диаспора на Дальнем Востоке России. 60 – 90-е годы XIX в. Владивосток, 2000. С. 206 – 207.
③ Шрейдер Д. И. Наш Дальний Восток. СПб., 1897. С. 153.

扬齐河村（Янчихэ）是扬齐河乡朝鲜移民的中心，是俄国最古老的朝鲜移民村之一，由1867年逃离朝鲜的人组建而成。普尔热瓦尔斯基的资料显示，扬齐河位于距诺夫哥罗德湾14俄里处。1867年底，那里生活着370人（200男，170女）。最初，扬齐河便分上扬齐河（朝鲜人称"Сан Ёнчху"）和下扬齐河（朝鲜人称"Ха Ёнчху"）。自从有上扬齐河的名字出现，扬齐河也自动变称呼为下扬齐河。村里的居民种谷子、豆类和马铃薯。1907年，下扬齐河（扬齐河村）的居民试着拿出一小部分土地种植稻米，结果大获丰收。1908年，扬齐河流域种植稻米的面积达到了40俄亩①，稻米逐渐遍布南乌苏里边区。1904年，俄国传教士团团长赫利萨夫主教从朝鲜回国，来到下扬齐河村，曾这样描述："一进入扬齐河村的入口，映入眼帘的是一排漂亮的红砖房，然后是一个不大的小教堂，教堂周围有很多茂密的树……，这里的所有建筑都很整齐、舒适、宽敞。"②

上扬齐河村（Сан Ёнчху），1867年出现在扬齐河上游。因为它几乎位于与中国交界的地方，在村子里设有由12名士兵组成的军事哨卡。这里多为砂土，因此，农业收成比下扬齐河村低。1897年，这里生活着556人。

西吉密村（Сидими），1867年来自朝鲜的移民在西吉密河流域建立而成。1867～1869年，普尔热瓦尔斯基写道："在西吉密附近有一个不大的朝鲜人村，大约35人（14

---

① 1俄亩=2400平方俄丈或1.09公顷。
② Хрисанф（Щетковский Х. П.）епископ. От Сеула до Владивостока（Путевые заметки миссионера）// История Российской Духовной миссии в Корее: Сб. статей. М., 1999. С. 113.

男,21女)。"① 该村的人生活比较富裕,主要种植燕麦,并经常将余粮运到符拉迪沃斯托克售卖。不久,在西吉密河上游又出现了新村称上西吉密村(Верхняя Сидими),西吉密村自然被称作下西吉密村。

巴拉诺夫卡村(Барановка),1867年建立于巴拉诺夫卡河流域(有的资料显示为1869年)。最初村子只有20个住户,1897年人数达到152人(男性76人,女性76人)。② 居民在这里从事农作物耕作,并种植蔬菜。除自用外,部分用于出售。

法塔石村(Фаташи),位于法塔石河流域,是朝鲜移民最早的村落之一,成立于1867年(另一说法为1871年)。朝鲜人称该村为——"帕杜西"(Патуси)。村子由三个部分组成:上、中、下法塔石。最初这里人烟稀少,1879年仅有29户农家③,而1897年人数达到733人(男性374人,女性359人)。④ 村子居民较为富裕,主要出售燕麦、马铃薯、白菜,年总收入可以达到3000卢布。

落叶松村(Кедровая Падь)是1867年出现的朝鲜移民村之一。这个村子坐落在阿穆尔河岸边,后分为两部分:其中一个村(大约20户人家)俄语名为干河(Сухоречье),朝鲜语名为帕切莫格(Панчэмог);另一个村的俄语名为落

---

① Пржевальский Н. М. Путешествие в Уссурийском крае 1867 – 1869 гг. М., 1947. С. 127.
② Петров А. И. Корейская диаспора на Дальнем Востоке России. 60 – 90-е годы XIX в. Владивосток. 2000. С. 90.
③ Кириллов А. Географо-статистический словарь Амурской и Приморской областей, Благовещенск, 1894. С. 466; Ким Сын Хва. Очерки по истории советских корейцев. Алма-Ата, 1965. С. 33, 50.
④ Петров А. И. Корейская диаспора на Дальнем Востоке России. 60 – 90-е годы XIX в. Владивосток. 2000. С. 90.

叶松（Кедровая Падь），朝鲜语名为齐姆河（Цимухэ）。干河村的居民很少耕种，主要依靠售卖各种商品为生；落叶松村的居民主要种植蔬菜，并将其大量售往符拉迪沃斯托克。

罗曼诺夫娜村（Романовна），1867年在达乌比河流域建立的朝鲜移民村。1891年，村子共计14户居民，1899年达到23户。① 该村农民主要从事农耕生产，种植燕麦、小麦、荞麦和马铃薯。村民生活得非常富足，每年小麦、燕麦、马铃薯等可以卖出2万卢布。除了耕地，这个村的农民还打猎，大概每年能够打到150只黑貂和5000只海貂。

曼谷盖村，也称下曼谷盖（Нижняя Мангугай）。1869年22户朝鲜移民家庭来到曼谷盖河流域，直到1882年部分家庭决定定居此地。有的文献认为1885年才是这个村子出现的年份。② 1890年曼谷盖分成两部分——上曼谷盖和下曼谷盖。在朝鲜移民的请示中有如下说明："1890年，由于从俄国本土来的移民安住在我们住地附近，出现了土地的短缺，为此，波谢特地区警官米哈伊洛夫斯基划了一块新地来安置我们，这就是所说的上曼谷盖，我们迁移到那里，继续从事劳动。上曼谷盖出现后，曼谷盖自动被称为下曼谷盖。下曼谷盖生活着63户家庭。"③ 上曼谷盖和下曼谷盖的朝鲜移民主要从事农耕劳动。

---

① Петров А. И. Указ. соч. С. 274.
② Павел（Ивановский）. Краткий очерк развития миссионерского дела среди корейцев Южно-Уссурийского края // История Российского Духовной миссии в Корее. М., 1999. С. 123.
③ Петров А. И. Корейская диаспора на Дальнем Востоке России. 60 – 90-е годы XIX в. Владивосток, 2000. С. 274.

普提罗夫卡村（Пуциловка）1869年4月建立。最初村子生活着10户朝鲜家庭，一年后达到70户。最初，这里森林密布，而绥芬河流域更是荒无人烟。朝鲜人定居下来后，面临的主要困境是没有牲畜、土地，也没有农具。朝鲜移民被迫采用手工劳动，利用铁、木铲和锄头等简单农具，在空地耕种必要的粮食和蔬菜。第一年开垦了3亩土地，种了小米和马铃薯，第二年村子的居民从政府得到了两头公牛，开垦的土地达到了10亩。1870年秋天，朝鲜人将收成卖给中国人，其余留着自用。卖粮食挣的钱用来购置一些牲畜，经过3~4年，朝鲜农民困难的生活得到了改善。普提罗夫卡的村民给留在朝鲜的亲人写信说道："在这里生活，各方面都很好。粮食很充足，俄国政府帮助他们，对待他们很热情，像对待自己国家的人一样，分给他们肥沃的土地，因此，这不妨碍其他的朝鲜人向这个边区移民。"① 1870年，村子居民490人；1874年，又有很多家庭迁移至普提罗夫卡村，1897年达到了1459人（男767，女692）。

1878年，土地丈量师来到普提罗夫卡和其他村为朝鲜移民界定土地，并划定了普提罗夫卡、高尔萨科夫卡、科伦诺夫卡和西涅尔尼科沃村之间的界线。19世纪末，这4个村出现在《阿穆尔沿岸新闻》上："可以这样说，1891年，南乌苏里边区上缴国库的谷物数量达到58.5万普特，那么朝鲜人上缴数量占到30万普特。"报纸还指出："绥芬段的农民最富有，也是最被俄国化的，在那保留原有文化

---

① Пак Б. Д. Корейцы в Российской империи. Изд. 2-е, испр. Иркутск, 1994. С. 93.

和风俗的人很少，教堂和学校已经出现。"①

阿吉密村（Адими），1872 年由来自朝鲜的移民在距阿吉密河畔 10～12 俄里之地建成。1879 年阿吉密村生活着 163 人，随后村里建设了小教堂、学校和 12 人的军事哨卡，并在阿吉密河两岸很快分化出上阿吉密村和下阿吉密村。1897 年，在上阿吉密村生活着 273 人（男 152 人，女 121 人），下阿吉密村生活着 280 人（男 141 人，女 139 人）。

红村（Красное село）是 1875 年在图们江口建立的一座朝鲜移民村（也有资料显示是 1880 年）。这里大多数居民是从朝鲜和俄国境内的棘心河、扬齐河迁移而来的朝鲜人。红村的土地多是沙土地，因此庄稼收成不高。除了耕作，农民主要从事沿海捕鱼（鱼、虾、牡蛎），并将其卖到符拉迪沃斯托克。村子还有一个盐场，并且后来形成了一个由 12 人组成的"红村哨卡"。1897 年，红村人口有 860 人。1898 年，俄国地质考察团成员格林—米哈依洛夫斯基来到这里，在他的日记里留下了记录："今天，1898 年 9 月 10 日晚上 4 半点，我们从诺沃金耶夫斯克到俄朝边界的红村，已看到朝鲜人的小屋，平的茅草房顶，覆盖着绳索网，房顶有一个烟囱，有纸的窗户和门。所有这些都在院子里，院子由白色的墙围起。这一切对我们来说非常神秘，非常有趣。在每个小屋旁边都高高地摞着麻和高粱。"②

山上村（Нагорная），位于图们江流域，1875 年建立。最初隶属于红村，1889 年 30 户家庭从红村脱离，独立成

---

① Корейцы Приамурского края. Краткий исторический очерк переселения корейцев в Южно-Уссурийский край. С. 10.
② Гарин Н. Г. Из дневников кругосветного путешествия (По Корее, Маньчжурии и Ляодунскому полуострову). Изд. 2-е, испр. М., 1950. С. 81 – 82.

村。村子的土地以沙土居多，村民生产的所有粮食仅够个人所用，仅有剩余不多的燕麦用于出售，大概年收入可以达到400卢布。

尼古拉耶夫娜村（Николаевна），1875年苏城河流域出现的朝鲜移民村。1890年，该村有31户家庭，农户从事农耕生产，主要培育小麦、燕麦、豆类，并种植蔬菜。村子每年出售粮食总额可达7000~10000卢布。村里建有一所朝鲜语学校，但当地人经常到附近的俄国人村庄上学。1895年《阿穆尔公报》记载："尼古拉耶夫娜村的居民，由于距离俄国人村庄较近，而与之经常保持联系，他们比波谢特段的朝鲜人俄国化更明显，很多人说俄语、穿俄式大衣、带俄式帽子，都有手枪。"①

新村（Новая деревня），朝鲜人称为丘里河（р. Чурихэ），是1878年从棘心河村和扬齐河村迁出的朝鲜人在中俄边界的丘里河流域建立而成。这里对于俄国农民而言，完全无法从事任何农业活动，但是朝鲜农民用自己的双手，在除了沼泽的所有地带都开垦了土地，甚至在山的斜坡处。

布鲁谢村（Брусье），1878年建立的朝鲜移民村（有资料显示1889年）。成员主要是来自朝鲜的移民和从棘心河、扬齐河迁出的朝鲜人。村子坐落在布鲁谢河沿岸十余俄里处。

对岸村（Заречье），1880年奥泽尔纳亚河流域建立的朝鲜移民村。主要是由从棘心河和扬齐河迁出的朝鲜人，以及从中国迁出的朝鲜人组成。它的朝鲜语名称为"波索

---

① Корейцы Приамурского края. Краткий исторический очерк переселения корейцев в Южно-Уссурийский край. С. 11.

伊"。最初村里仅有14户家庭，1890年生活着225人，1897年人数增加到883人（男445人，女538人）。村子的土地多沙土，收成欠佳，每俄亩土地不超过30普特燕麦，而在绥芬地区每俄亩大概收获180普特。

梁赞诺夫卡村（Рязановка），1880年由从棘心河村和扬齐河村迁出的朝鲜人，以及由来自朝鲜的移民组建而成，名字来源于俄国的梁赞诺夫卡河。1888年村子共有18户家庭，1897年有332人（男167人，女165人）。梁赞诺夫卡后来分成了下梁赞诺夫卡和上梁赞诺夫卡。

沙村（Песчаная），是1884年由一些阿吉密的老人和来自朝鲜的移民组成的朝鲜移民村。1897年，村子有141人（男81人，女60人），居民主要从事农耕生产、伐木和采盐，村里有盐厂和铁匠铺。

苏哈诺夫卡村（Сухановка），1885年由一些阿吉密村的老人和朝鲜来的新移民建成，是从波谢特到拉兹多里诺耶沿线的第一个村。1897年，这里有居民219人（男113人，女106人），主要进行农业生产，种植小米、燕麦，80%的收成用于出售。①

大乌吉密村（Таудеми），1890年成立的朝鲜移民村。词源应来自满语。② 乌吉蜜，满语乌吉（窝集）蜜。乌吉（窝集）汉译大森林，有密林子之意，即森林里养育出来的蜜之意。《金史语解》一书释名曰："乌吉蜜，满语，养育也。"又据光绪十七年（1891年）《吉林通志·卷十八·舆

---

① Ким Сын Хва. Очерки по истории советских корейцев. Алма-Ата Наука. 1965. С. 50.
② Кириллов А. Географо-статистический словарь Амурской и Приморской областей. Благовещенск，1894. С. 417.

地志》载:"乌吉蜜,养也。"1929 年成书的《珠河县志》亦记载:"乌吉,窝集音通,森林以内树老心空,蜂人酿蜜,土人得蜜一树,重逾百片,名以乌吉蜜,或即森林养蜜之义。"中国黑龙江省的乌吉密乡,便由此定名。

  1899 年,54 户家庭在大乌吉密生活。① 1989 年出生于大乌吉密的彼得普克回忆道:"我的父母在大乌吉密村生活,而我在那里学习了 7 年。穿过诺瓦里多夫卡河,这条河以前叫大乌吉密河,通过诺瓦里多夫斯克村就是我出生的大乌吉密村。很快汽车停在了我读了 7 年的学校。我从汽车里走出来,很激动地看着这里。除了破旧的前学校的基础外,我没有发现更多。以前在学校的生活像放电影一样浮现在眼前,很多儿时同学的声音回响在耳边,非常感怀当时教我们的老师。大乌吉密村的'大'在朝鲜人定居点当中是出了名的。在国内战争时期,该村大约有 50 名年轻朝鲜人与俄国立陶宛党组织队伍一起,为苏维埃政权最终取胜进行斗争。国内战争以后,该村居民与所有苏联人民一样,努力地劳动、建设新生活、组织集体农庄、创建学校、耕种粮食、从事政治和文化活动、教育子女等。总而言之,人们积极地生活,满怀希望。"② 大乌吉密村土地多为岩石,但由于朝鲜人顽强的努力和辛勤的劳动,每年都能获得较好收成。例如,种 5 普特小麦,收成可以达到 100 普特。每俄亩地种 4 普特燕麦可以收获 140 普特。这种情况下,村子每年仅小麦和燕麦就可赚取 2000 卢布。

---

① Петров А. И. Корейская диаспора на Дальнем Востоке России. 60 – 90-е годы XIX в. Владивосток, 2000. С. 274.
② Пак Петр. Грустно вспоминать// Ленин кичи (Ленинское знамя). Алма-Ата, 1989. С. 3.

此外,还有安德烈耶夫卡村(Андреевка)、安巴比拉村(Анбабира)、西涅尔尼科沃(Синельниково)、卡扎科维切沃(Казакевичево)、科伦诺夫卡村(Кроуновка)、高尔萨科夫卡(Корсаковка)和科拉别村(Крабе)、奥西波夫卡村(Осиповка)等朝鲜移民村。有关滨海省各城市及乡村的朝鲜移民人数,见表2-3。

表2-3 1897年俄国滨海省城市和乡村朝鲜移民人数及分布

单位:人

居民点	男性	女性	总数
棘心河村	549	532	1081
上扬齐河村	296	260	556
下扬齐河村	615	541	1156
安德烈耶夫卡村	109	90	199
上西吉密村	233	261	494
下西吉密村	81	74	155
曼谷盖村	211	185	396
尼古拉耶夫娜村	259	136	395
大乌吉密村	342	237	579
巴拉诺夫卡村	76	76	152
高尔萨科夫卡村	743	551	1294
科伦诺夫卡村	385	303	688
普提罗夫卡村	767	692	1459
西涅尔尼科沃村	727	578	1305
科拉别村	411	414	825
卡扎科维切沃村	203	114	317
上罗曼诺沃村	141	76	217

第二章　俄国中央政府的限制政策与地方行政机关的灵活态度（1882~1905）　| 097

续表

居民点	男性	女性	总数
上阿吉密	152	121	273
下阿吉密	141	139	280
法塔石	374	359	733
新村	163	156	319
对岸村	445	538	883
红村	431	429	860
山上村	93	92	185
梁赞诺夫卡村	167	165	332
沙村	81	60	141
落叶松村	117	111	228
奥西波夫卡村	120	116	236
苏哈诺夫卡村	113	106	219
安巴比拉村	135	90	225
布鲁谢村	211	231	442
符拉迪沃斯托克市	1066	285	1351
哈巴罗夫斯克市	149	10	159
其他地方	-	-	6072
总数	10106	8128	24306

资料来源：Патканов. С. Статистические данные, показывающие племенной состав населения Сибири, язык и роды инородцев（на основании данных специальной Якутскоая, Приморская обл. и о. Сахалин.）СПБ., 1912. С. 844.

如表 2-3 所示，1897 年，居住在滨海省的朝鲜移民共24306 人，而至 1905 年，滨海省的朝鲜移民达到 34399 人，其中 15122 人已经加入俄国国籍。[①] 除滨海省的大量朝鲜移

---

① РГИА ДВ. Фонд87. Опись4. Единица хранения1593. Лист13.

民村外，朝鲜移民还散居在滨海省的各城市中，哈巴罗夫斯克市和符拉迪沃斯托克市均有朝鲜移民聚居区。例如，符拉迪沃斯托克的"落叶松"区生活着大量朝鲜移民，他们主要从事体力劳动，充当锯木工、砍柴工，还有人在商铺、铁路、房屋建造、货运业等行业务工。1894 年地方报纸写道："朝鲜人从边区的农村进入城市，根据朝鲜社会管理局的信息，大概有 3800 人。但是，官方统计的信息并不十分准确。当时，生活在这里的朝鲜移民人数，应该可以达到 4000 人。由于许多工种只适用于夏季，在秋季来临时，人数会减少一半。"① 朝鲜移民在城市的数量，除了符拉迪沃斯托克以外增长得非常缓慢。例如，1893 年，哈巴罗夫斯克的居民共计 6353 人，其中，中国人 307 人（占 4.8%），朝鲜人 72 人（占 1.1%），日本人 51 人（占 0.8%），哈巴罗夫斯克的俄国居民占到 93.2%。②

（二）阿穆尔省的朝鲜移民村

1869～1870 年，经地方当局批准，102 户家庭（431 人）向阿穆尔省迁移，在政府资金支持和阿穆尔哥萨克军的帮助下，1871 年 8 月 1 日，朝鲜人在阿穆尔河流域的萨玛尔河岸建立了布拉戈斯洛维诺耶村。③ 阿穆尔省政府为此拨付 16570 卢布 56 戈比。④ 布拉戈斯洛维诺耶村的朝鲜移民

---

① Владивосток. 1893，3 июля.
② Владивосток. 1893，5 дек.
③ Кириллов А. В. Корейцы села Благословенного//Труды Приморского отдела Императорского Русского Географического общества. Вып. 1. Хабаровск. 1895. С. 1.
④ Кириллов А. В. Корейцы села Благословенного//Труды Приморского отдела Императорского Русского Географического общества. Вып. 1. Хабаровск. 1895. С. 1.

于1871年皈依东正教,并或多或少地学习俄语,接受俄国的风俗习惯,1895年均被批准加入俄国国籍,这里也是官方最早接收朝鲜移民入籍的地域。

根据官方统计,1898年1月1日,阿穆尔沿岸辖区朝鲜移民总数大约为24781人,包括拥有俄国国籍的朝鲜人12278人、非俄国国籍的朝鲜人12503人。①。由于阿穆尔省距离俄朝边界地区相对较远,朝鲜移民人数较少。截至1897年仅有一个朝鲜移民村——布拉戈斯洛维诺耶村,还有一些人散居在该省各地,人数共1562人(见表2-4)。而绝大多数朝鲜移民主要定居在滨海省,特别是与朝鲜紧邻的南乌苏里边区的波谢特地区。在俄国30余个朝鲜移民村中,大约有21个朝鲜移民村坐落于波谢特地区。事实上,远东地区朝鲜移民的分布和人数问题是一个比较复杂的问题。即便是很早被认定为俄国公民的朝鲜移民,文献中记载了他们的人数和生活地等信息,往往也是不确切甚至是自相矛盾的。一方面,朝鲜人向俄国迁移是一个动态的过程,人数很难做出精确统计;另一方面,在史料中,对村庄名字及其位置的记载非常混乱,特别是1937年远东地区朝鲜移民被迫迁移至中亚后,滨海省和阿穆尔省的许多朝鲜移民村被清空并消失,完全无从考证。

但综合而言,迁移至俄国的朝鲜移民往往定居在河流的岸边,在方圆10俄里或更大的地方散布开来,形成了一些规模不大的村庄。这样的分布为其进行农业生产提供了便利空间。朝鲜移民通过自己顽强和辛勤的劳动创造了生活基础,为新居住地的生活提供了物质保证。因此,他们

---

① РГИА. Ф. 1284. Оп. 190. Д. 105Б. Л. 317.

的经济状况优于生活在朝鲜的同胞,这也成为进一步吸引朝鲜人向俄国移民的重要动力。

表2-4　1897年俄国阿穆尔省城市和乡村朝鲜移民人数及分布

单位:人

居民点	男性	女性	总数
布拉戈维申斯克市	74	–	74
布拉戈斯洛维诺耶村	615	532	1194
其他地方	–	–	294
总数			1562

资料来源:Патканов. С. Статистические данные, показывающие племенной состав населения Сибири, язык и роды инородцев на основании данных специальной Якутскоая, Приморская обл. и о. Сахалин. СПБ., 1912. С. 844.

综上,19世纪60~70年代,与中、朝接壤的南乌苏里边区战略地位凸显。为维护边境安全,俄国中央政府一方面对已进入境内的朝鲜人进行划分,对其分类对待,部分接收朝鲜人加入俄国国籍;另一方面,沙皇通过法令,限制朝鲜人继续迁入。然而,地方行政机关在政策执行过程中却采取了较为灵活的态度,特别是在杜霍夫斯基和格罗杰科夫担任阿穆尔沿岸辖区总督期间,拓宽了境内朝鲜移民入籍的范围,使俄国朝鲜移民数量稳步增长。他们部分散居在城市或乡村的俄国居民中,更多人聚居在俄朝交界的边境地带,形成了独立的朝鲜移民村。

第三章　俄国对朝鲜移民的遏制政策（1905～1910）

日俄战争后，日本在东北亚特别是朝鲜获得优势地位。随着日本对朝鲜的控制越来越严酷，朝鲜人向海外的移民不断增多，俄国境内亦出现了新一轮朝鲜移民潮。俄国远东地区充斥的"朝鲜元素"，让俄国政府十分担忧，甚至将其视为"黄祸"，中央政府和地方当局纷纷采取措施遏制朝鲜移民。1905～1910年成为俄国对朝鲜移民政策最为强硬的时期。

第一节　俄国新的朝鲜移民潮

一　朝鲜移民潮的数据统计

日俄战争后，日本不仅攫取了朝鲜的政治、军事权力，还对朝鲜进行了残酷剥削，朝鲜国内可谓民不聊生，致使民众纷纷出逃。在此背景下，1905年，俄国境内出现了新一轮朝鲜移民潮（见表3-1）。

表3-1　1906~1910年从朝鲜迁移至俄国滨海省的人数

单位：人

年份	加入俄国国籍	未入俄国国籍	总和	男性	女性	男女总和	总数
1906	9675	7290	16965	11380	6054	17434	34399
1907	9052	6955	16007	20465	9442	29907	45914
1908	8825	7265	16190	20486	8821	29307	45497
1909	7894	6905	14799	25210	11545	36755	51554
1910	9403	7677	17080	22132	11753	33885	50965

资料来源：Унтербергер П. Ф. Приамурский край（1906-1910 гг）. СПб., 1912. Приложение 1, с. 3.

以上数据表明，1906~1910年滨海省朝鲜移民呈现振荡上升之势，从1906年的34399人增加到1910年的50965人，增加了16566人。但这些数据反映的仅仅是登记的朝鲜移民数量，实际人数远大于此。例如，1907年，已登记的朝鲜移民人数是45914人，但根据1906~1907年南乌苏里边区人口普查的结果，朝鲜移民人数又上浮了30%。参与人口普查的卡扎里诺夫在报告中提到了这一情况："在过去的1907年，朝鲜人由于受到日本人的压迫，加速向我国境内迁移，特别是通过海路来到滨海省的苏城地区。在我们的数据中，朝鲜移民人数没有下降，反而在这个总数上还可以再加30%无证件的朝鲜人。"①《俄国皇家东方学会阿穆尔沿岸分会报告》显示："1910年，滨海省、阿穆尔省、萨哈林省和外贝加尔省的朝鲜移民人数分别是54076人、6000人、137人、84人，共计60297人。"②

---

① Граве В. В. Китайцы, корейцы и японцы в Приамурье. Спб., 1912. С. 140.
② Записки Приамурского отдела имп. общества востоковедения. выпуск 2. - Хабаровск, 1912. С. 259-260.

但是，要精确地统计每年到俄国的朝鲜人的数量难度很大（包括短期务工和永久居住者），因为只有来自朝鲜南部的居民有正规证件，而朝鲜北部和中部的人往往通过海路非法入境，很难对这一群体的数量进行精确统计。

二 朝鲜移民潮的背景

20世纪初，随着国内垄断经济的发展，俄国迫切需要寻求更为广阔的海外市场。于是，俄国开始全面加强在东北亚的优势，争夺中国东北和朝鲜成为"远东政策"的核心。

1895年中日甲午战争后，俄国依仗"干涉还辽有功"，不断攫取在东北亚的利益。《马关条约》签订后，为在财政金融上控制中国，俄国勾结法国金融资本，在1895年7月与清政府签订了《四厘借款合同》，随后又强拉中国入伙，成立华俄道胜银行；1896年6月，两国签订《中俄密约》，事实上该条约使俄国对中国实施进一步控制和侵略成为可能；继《中俄密约》之后，9月俄国又与清政府签订《中俄合办东省铁路公司合同章程》，攫取了中东铁路的修筑权、经营权，以及铁路沿线的采矿权和工商业权等殖民特权；此后，俄国以中东铁路公司为殖民侵略工具，把中国东北变成其半殖民地。1897年底，俄国借德国强占胶州湾之机，派军舰占领旅顺；1898年3～7月，俄国又先后强迫清政府签订《旅大租地条约》、《旅大租地续约》和《东省铁路公司续订合同》，进一步攫取旅大租借权、中东铁路支线权等殖民权益，中国东北完全被纳入俄国的势力范围。此外，俄国还将目标锁定朝鲜，其目的是完全掌控朝鲜的政治、经济和军事，使朝鲜成为自己的保护国。正如苏联学者罗曼诺夫所说，俄国的目的无疑是"在朝鲜寻求取得保护权的迂回途径，以待自己的力量得到充分发展后，完全吞并朝鲜"。① 于是，俄国千方百计地插足朝鲜事务，极力在朝鲜统治阶层培养亲俄势力。1885年，俄国政府任命韦贝担任驻朝鲜公使。韦贝熟悉朝鲜国情，巧妙地利用朝鲜统治阶级内部各派系之间的矛盾与倾轧，施展种种手段，取得了朝鲜国王和闵妃一派的信任。

俄国的"远东政策"，给日本带来了直接威胁。明治初年日本便提出了对外扩张的"大陆政策"，妄图吞并朝鲜，并以此为桥梁进而入侵中国，甚至称霸亚洲。

1876年朝日《江华条约》签订后，日本不断扩大在朝鲜的侵略势力。甲午战争期间，日本企图将朝鲜变成自己的属国，1894年7月23日，日本军队通过在朝鲜的政变，收缴朝鲜军队的武器，并限制朝鲜的警察权。在其逼迫下，两国又于8月20日和26日分别签订《暂定合同条款》和《日朝盟约》，日本借此攫取了汉城至釜山、汉城至仁川的筑路权，并强迫朝鲜与日本搞"攻守同盟"。俄国"远东政策"与日本"大陆政策"的矛盾性促使两国展开了错综复杂的斗争，朝鲜成为两国矛盾的焦点。1895年7月6日，在俄国的支持下朝鲜国内发动政变，闵妃集团与俄国驻朝公使联合将亲日派赶出政府，解散了日本所控制的新军。随后，日本强硬派发起反击，1895年10月，日本出兵冲入王宫，杀死闵妃，将其焚尸，驱逐了政府中的亲俄势力，

---

① Романов Б. А. Очерки дипломатической истории русско-японской войны. Москва-Ленинград, 1955. С. 131.

组织了以金弘集为首的亲日派政府。日本帝国主义在朝鲜的暴行激起了朝鲜人民的不满，1895年底，朝鲜爆发了反日义兵运动，在俄国的操纵下，1896年3月，朝鲜国王高宗携世子潜出王宫，到俄国公使馆避难，并下诏废除亲日政府，成立了由俄国控制的傀儡政府。俄国借此机会，从朝鲜取得了鸭绿江沿岸的森林采伐权，俄国在朝鲜的势力大大提升。

日俄在朝鲜的争夺愈演愈烈，势力此消彼长。1896年5月，日、俄两国驻朝公使在汉城签订《小村·韦贝备忘录》（即《日俄汉城协定》）。该协定使日本在朝鲜的军队数量受到限制，而俄国可拥有同等数量的驻兵。在日本做出退让的前提下，俄国"劝告"朝鲜国王返回王宫；6月，俄日两国又签订《山县·罗巴诺夫协定》（即《日俄莫斯科协定》），规定在朝鲜的政治、经济各方面，俄国和日本具有同样的干涉权利。此外，俄国暗中与朝鲜签订了有关军事和借款的密约，使俄国在朝鲜的扩张步伐明显加快。从此，朝鲜的政治、经济、军事实际上完全置于俄国的控制之下。俄国在朝鲜的势力增长，引起了日本的激烈反对，两国关系日益紧张。为了调整两国关系，日俄重启谈判。最终，俄国出于战略考量，即一方面在朝鲜的经济影响力远不及日本；另一方面，自己急于侵略中国旅顺口和大连湾，为了能够在与其自身利益更为密切的中国东北寻求更大的利益，不得不向日本做出让步。在1898年4月签订的《西·罗森协定》（《日俄东京协定》）中，俄国承认了日本在朝鲜的优越权，以牺牲朝鲜确保自己在中国东北的权益。

此后，俄国逐渐将侵略重心移向中国东北，而朝鲜则成为日本的囊中之物。

1904年2月23日，日本强迫朝鲜签订《日韩议定书》，此不平等条约加速了朝鲜并入日本的进程。1904年日俄战争爆发，战争以俄国战败而告终，两国于1905年9月5日签订了《朴次茅斯和约》。该条约规定，俄国承认日本在朝鲜有政治、军事和经济上的优越权利，这意味着俄国承认朝鲜为日本的势力范围；同年11月，朝、日签订《乙巳保护条约》，从此朝鲜沦为日本的保护国；1906年2月1日，日本侵略者在汉城设立统监府，开始对朝鲜进行疯狂掠夺；1907年7月24日，日本又强迫朝鲜签订《丁未七款条约》，朝鲜各级政权机关完全置于日本的把持之下。

综上，在日、俄两国激烈争夺下，朝鲜最终落入日本之手，从此开始了朝鲜及朝鲜民族的悲惨命运。日本不仅攫取了朝鲜的政治、军事权力，还对朝鲜进行残酷的剥削，朝鲜国内可谓民不聊生，民众纷纷出逃。此外，朝鲜政府为阻止日本进攻，大力组建军队，在抗击日本侵略过程中元气耗尽，沉重的赋税加重了朝鲜民众的负担。朝鲜政府从1894年开始以现金形式征税，1894~1902年税率增加了1倍多，高额的赋税致使大量农民破产。正是在朝鲜国内残酷的政治、经济环境下，出现了新一轮向俄国的移民潮。

第二节　俄国对朝鲜移民实施强硬措施

一　俄国中央政府鼓励本国居民向远东移民

20世纪初，俄国政府对远东地区移民政策进行多次重大调整。如1900年，俄国政府出台《在阿穆尔省和滨海省建立移民地段的临时章程》，同时宣布废止1861年4月出台的远东移民条例。该章程鼓励经济上较有保障的农民向滨海省和阿穆尔省迁移，俄国政府不仅减少了移居至远东地区的农民所得土地的面积，相应降低了移民的优惠待遇，还特别要求每个迁移至远东的家庭至少准备600卢布资金，以购置必要的生产工具。然而，这一临时章程在当时历史条件下并未真正实施。

1904年6月，为鼓励俄国居民自由向远东迁移，俄国政府颁布了《关于农村居民和离乡务工者自愿迁移的临时章程》，其中规定，俄国居民可以不受财产状况的限制享有自由迁移的权利，并相应增加了对移民的优惠，例如，增加乘车补助、给予医疗援助，以及提供安置贷款等。1906年3月，俄国政府颁布《关于执行1904年移民法令的相应章程》，再次重申提供优惠条件以鼓励欧俄居民向边疆地区自由移民的措施。

1906年，斯托雷平担任大臣会议主席，极力主张进行农业改革，在他的推动下，1906年11月9日，政府颁布了土地改革法令。该项法令力图通过摧毁村社，依靠富裕、殷实的农民，扶持富农经济，扩大土地私有制，保卫地主土地所有制，使农业适应资本主义发展。由于斯托雷平解决农民缺地问题时不愿触动地主土地所有制，所以将无地和缺地的农民大规模迁往俄国东部地区便成为这次改革的重要组成部分。在斯托雷平改革的推动下，远东地区移民运动达到高潮。1907～1910年，从欧俄到远东地区的迁移速度不断加快，那些财产少或没有财产的农民阶层获得了迁移的权利，仅1907年由欧俄部分来到阿穆尔省和滨海省的俄国居民就达到7.3万人。① 虽然由于政府组织不力、移民所耕土地质量差、交通不便、贷款提供不及时等原因，出现了大量移民返乡的情况，但从俄国欧洲部分来到阿穆尔省的移民数量仍然呈现增长之势。据统计，1906年迁移至阿穆尔省的移民人数为2800人，1907年为1.18万人，1909年为1.74万人，1910年为2.09万人。在1906~1917年改革进行期间，不包括折返的移民，来到远东地区的俄国人共259470人，年平均迁移2.36万人。其中167547人（64.57%）进入滨海省，91923人（35.43%）迁至阿穆尔省。除了农民，迁至俄国远东地区的非农业人口数量亦有所增加，1906~1926年，在城市、金矿、铁路建设中共有23008人。

二　阿穆尔沿岸辖区总督翁特尔别格对朝鲜移民的排斥态度

俄国为加强对远东地区的控制，避免边区被"朝鲜化"，多次颁布法令鼓励本国居民向远东地区移民。与之相配合，俄国地方政府，特别是地方最高领导层对大量涌入的朝鲜人也较为敌视。他们认为，那些没有被同化的大量黄种人是最不安全的因素。持有这种观点的代表人物之一便是阿穆尔沿岸辖区总督翁特尔别格（1906~1910年）。

翁特尔别格对朝鲜人最全面的看法体现在1908年3月8日给内务部的信中，综合而言，主要包括以下几个方面。

其一，禁止向外国人出租公有土地是非常必要的。翁

---

① 张宗海：《远东地区世纪之交的中俄关系》，黑龙江人民出版社，2000，第121页。

特尔别格认为，朝鲜人的世界观非常独特，他们热衷于土地，将土地租赁给外族人，会使俄国农民逐渐与土地分离，使其变得更加懒散，甚至由于不习惯独立劳动而逐渐变得更加懒惰并酗酒成性。翁特尔别格提道："1904～1905年日俄战争后，朝鲜人向我国的移民增多。尽管他们没有成功地占有更多的土地，但他们找到了其他途径，也就是，向政府、哥萨克、城市、教会神职人员和森林守卫租赁。在个别地区，缺少应有的监督，他们就这样擅自地占有了国有土地……1906年夏天，为了弄清情况，我来到问题特别严重的南乌苏里边区。在南乌苏里边区的一个县，非俄国国籍的朝鲜人约有2.6万人。哈巴罗夫斯克和乌第区生活的朝鲜人数亦能达到7500人，阿穆尔省则有3500人。"① 因此，翁特尔别格对远东地区的土地被朝鲜移民所耕种的情况十分担忧，明确反对用朝鲜移民开发阿穆尔沿岸地区。

其二，同化朝鲜人异常困难。翁特尔别格认为，指望朝鲜人加入俄国国籍，接受俄国的宗教信仰，将其同化没有任何依据。经验证明，在南乌苏里边区生活40多年的朝鲜人，大体上依然保留自己的传统。② 此外，"生活在自己国家过着几千年与世隔绝生活的朝鲜人的整体世界观是那么独特，与斯拉夫种族是何等偏离，以至于即便在不久的将来要同化他们也会非常困难。但我们不能等待，要尽快地在远东创造坚固、统一的反对黄种人的斯拉

---

① Письмо приамурского генерал-губернатора министру внутренних дел. Хабаровск, 8 марта 1908 г., №2205-РГИА. Фонд394. Опись1. Дело37. Лист2－3.
② Письмо приамурского генерал-губернатора министру внутренних дел. Хабаровск, 8 марта 1908 г., №2205-РГИА. Фонд394. Опись1. Дело37. Лист2－3.

夫哨岗"①。

其三,大量朝鲜人生活在边区地带,会对俄国的安全构成威胁。翁特尔别格认为,在任何情况下,日本作为有着独特民族特性的国家,在吞并朝鲜方面具有俄国无法比拟的优越性,他们很容易获得朝鲜的好感。一旦日本占据朝鲜,居住在俄国境内的朝鲜人,便会倒向日本一方,给边境安全带来极大威胁。"如果战争爆发,对我们而言一个空旷的边区会比充满黄种人的边区来得更有利……不要指望这些人在与中、日交战的时候会站在我们一方,相反,他们极有可能被我们的敌人利用而充当间谍。应该特别注意的是,让朝鲜人进入我国领土,对日本人是完全有益的。为促进朝鲜人向南乌苏里边区移民,日本政府在朝鲜专门成立了相应机构,并发放免税护照将其派往我们的国家。"②

因此,翁特尔别格与前两任总督杜霍夫斯基和格罗杰科夫对待朝鲜移民的友善和积极接纳的政策截然不同,甚至极力批判。他认为,积极接纳政策并不会引发朝鲜移民的感激之情。"人种"是无所不能的,"人种"会让朝鲜移民忘记日本殖民者杀死自己的亲人和朋友,忘记自己悲惨的境遇,甚至会引起对自己不共戴天死敌的好感,而最终与之联合。在1910年哈巴罗夫斯克大会上,他再次毫无掩饰地表达:"我不敌视朝鲜人,但无法与我的前任苟同,即此前将朝鲜人安置在空旷的边区……边区应该安置俄国人,耕地应该给俄国人,而不是中国人,更不是朝鲜人。事实

---

① Нам С. Г. Российские корейцы история и культура (1860 – 1925 гг.). Москва, 1998. С. 58.
② Письмо приамурского генерал-губернатора министру внутренних дел. Хабаровск, 8 марта 1908 г., №2205-РГИА. Фонд394. Опись1. Дело37. Лист2 – 3.

上，这个过程大概要 100 年，但至少我们不是没有希望，以至于土地被黄种人所侵吞。"① 翁特尔别格这种公开的大国沙文主义和种族主义的观点，始终贯穿在他担任阿穆尔沿岸辖区总督时期。他在任期内，一直实施明显排斥朝鲜移民的政策，不仅取消了对所有朝鲜移民的优待，更采取措施驱逐朝鲜移民，具体行动如下。

首先，全面排斥朝鲜人。翁特尔别格建议：（1）禁止将国有土地出租给外国籍居民；（2）禁止国有部门使用外国工人；（3）将所有国有土地，包括租让和租赁国有土地上的朝鲜人替换；（4）加强滨海省和阿穆尔省的军警力量。翁特尔别格在滨海省和阿穆尔省特别增加了 19 名警官、8 名翻译官、101 名骑警②。为此，每年需要花费 146082 卢布③，这项支出主要由向外国国籍的朝鲜移民征税来支付。此后，远东地区排斥朝鲜移民的形势可谓愈演愈烈。例如，滨海省军事总督有权由于一点小的过失，将外国籍的朝鲜人处以一个月拘役或者罚款 30 卢布；哥萨克军事委员会主席、县长、市警察局局长有权对其处以 15 天拘役或 15 卢布的罚款；分局警察、哥萨克军区长官、国有铁路宪兵部长官有权拘役 7 天或罚款 7 卢布。除此之外，省军事总督可动用行政权力将任何移民驱逐出境。④

其次，在金矿拒绝使用朝鲜劳动力。朝鲜人到俄国后，

---

① Граве В. В. Китаций, корейцы и японцы в Приамурье. Спб., 1912. С. 137.
② Секретное письмо Приамурского генерал-губернатора военному губернатору Приморской области. Хабаровск, 29сентября1906г., №7953. - РГИАДВ. Фонд87, Опись4. Единица хранения593. Листы7 - 8.
③ ЦГАДВ. Ф. 87, оп. 4, д. 1593, лл. 7 - 8.
④ РГИАДВ. Фонд87. Опись4. Единица хранения1598. Листы1 - 4.

在各个领域充当劳动力，特别是采金业。1906年，阿穆尔金矿中朝鲜移民的数量是5865人，占金矿总人数的29.1%。但自1906年翁特尔别格上台后，金矿中朝鲜移民数量逐年递减。阿穆尔沿岸辖区金矿中朝鲜移民的数量由1906年的5865人锐减至1910年的150人（见表3-2）。从表3-2的数据变化中可以发现，金矿中的朝鲜劳动力数量呈现断崖式下降是在1909~1910年，这是因为时任阿穆尔沿岸辖区总督的翁特尔别格实行了完全禁止在采金部门雇用朝鲜移民的措施。根据翁特尔别格的命令，1909年，阿穆尔沿岸辖区开除和驱逐出金矿的朝鲜淘金者约2678人，1910年朝鲜移民再减2009人。

表3-2 1906~1910年阿穆尔沿岸辖区金矿朝鲜劳动力人数

单位：人

地区	年份				
	1906	1907	1908	1909	1910
阿穆尔	477	332	406	-	-
布列恩	2779	1428	1931	359	-
滨海	1859	1667	-	-	-
结雅	750	1800	2500	1800	150
总数	5865	5227	4837	2159	150
金矿中朝鲜人占总数的比例	29.1	28.1	22.7	9.2	0.7

资料来源：Песоцкий В. Д. Корейский вопрос в Приамурье. Хабаровск, 1913. С. 176. Приложение XXVI.

最后，限制朝鲜人继续入境。1907年末至1908年初，在翁特尔别格的倡议下，符拉迪沃斯托克召开了关于朝鲜人问题的专门会议，会议主要讨论了远东地区移民的相关问题,远东地区土地管理局负责人和其他一些官员参加了此次会议。在这次会议上,翁特尔别格再次指出,朝鲜移民在国有土地和份地上定居,并且租赁大量土地,会导致俄国人占有土地的减少。会议特别强调,经过了40年,朝鲜移民仍没有和俄国人融合,依然保留着自己的民族特征,即使那些加入俄国国籍的朝鲜移民依然不会说俄语,例如,波谢特地区只有5%的男性朝鲜移民掌握俄语。因此,会议得出两点结论:一是尽可能限制没有俄国居住证和不支付现金税的朝鲜人和中国人入境;二是采取措施禁止朝鲜人进入滨海省。1907年10月18日至1908年3月8日,类似会议共举行了9次。

为了制定限制朝鲜人进一步涌入远东地区的措施,1908年,再次召开了哈巴罗夫斯克大会,参会人员主要是阿穆尔沿岸辖区商贸企业代表及农业代表,会议主要讨论了"黄祸问题"和"朝鲜人问题"。会上翁特尔别格提出,这一地区朝鲜人的大量迁入,使远东地区朝鲜人的土地租赁达到相当规模。例如,拉兹多尔尼斯克乡共8个俄国人村和2个朝鲜移民村,占有土地26346俄亩。其中,两个朝鲜移民村345户朝鲜移民独立耕种1117俄亩土地,而其他8个俄国人村主要依靠雇用朝鲜移民耕种土地。[①] 因此,他认为,无论为了培养边区农民节俭和勤劳的品质,还是采取临时租赁的方法开垦土地,用破坏性的方式取得短期效益都极不可取。会议最终决定,要尽快制定限制外国人(包括朝鲜移民)租赁土地、缩减在私有和国有企业部门使用黄种人劳动力,以及将俄国国籍的朝鲜移民从边境地区迁

---

① Песоцкий В. Д. Корейский вопрос в Приамурье. Хабаровск, 1913. С. 120.

移至滨海省和阿穆尔省北部地区的规章。

哈巴罗夫斯克大会与会者的意见得到了俄国中央政府的支持。1909年,大臣会议和国家杜马批准了《关于在阿穆尔沿岸辖区和伊尔库茨克总督辖区外贝加尔省确立限制外国人的法令》。这个法令于1910年6月1日由沙皇批准,其中规定:(1)禁止外国籍人员在国有土地上定居或者租赁土地;(2)禁止外籍人员承包国家工程;(3)禁止外籍人员在国家相关管理部门任职。①

三 俄国社会的反应

面对官方对朝鲜移民的蔑视与敌意,俄国社会出现了两种截然不同的观点。

一种观点认为,远东地区的朝鲜移民占有了俄国的资源,损害了俄国的利益。例如,远东地区某些俄国人甚至被黄种人从土地上排挤走;有的地方贸易、技术、工艺、马车运输等,均掌握在中国人和朝鲜人手中。朝鲜移民砍伐森林,开辟新地,最终使地力耗尽,无法恢复。这种观点主要出现在俄国资产阶级内部,在佩索茨基的书中可以找到柳巴多维奇的观点:"在最近这4年,朝鲜人为我国的边区带来了险情。可以毫不夸张地说,所有土地均掌握在朝鲜人手里;几乎所有这些人都是非法居住……大量朝鲜人居住的波谢特地区,就像当年犹太人迁移到埃及一样,并没有被同化,犹太人除了荒芜的土地几乎什么也没有留给埃及。这在朝鲜人身上将重演。在朝鲜人的土地荒芜后,他们会由庄稼人转移成新的'黄祸',这将比其他黄种人更

---

① АВПРИ. Ф. Тихоокеанский стол. Оп. 487. Д. 750. Л. 2.

可怕。因此，在烧毁他们房子之前我们需要好好考虑一下，应该将他们赶去哪儿？"①

与前者观点截然相反，一部分人对朝鲜移民仍然持比较友好的态度，反对阿穆尔沿岸当局排斥、迫害朝鲜移民，这在当时的一些俄文报纸上可见端倪。

1910年6月20日《俄罗斯公报》曾指出，在朝鲜事实上被日本侵占以后，很多朝鲜人将俄国视为第二故乡，他们希望永远地生活于此。朝鲜人将最差的地段变成了沃土，正是由于他们的劳动才提高了阿穆尔沿岸地区的农业生产率。报纸写道："如果上述情况属实，完全不存在阿穆尔当局所说的朝鲜人对于边区而言是危险的这一说法。恰恰相反，这种情况要求俄国当局要更友好地对待朝鲜人。朝鲜人已经失去了家园，作为独立的国家，朝鲜已经不复存在。很自然，如果他们很真诚地希望加入俄国，将成为我们国家最有力最强大的支持者。"② 在《新时代》报上也经常出现支持朝鲜移民的文章。例如，1910年，俄国的朝鲜移民组织代表团到圣彼得堡请愿，希望不要将其赶出俄国，并愿意承担一切义务，包括缴纳各种税款、服兵役等。他们还向圣彼得堡大主教安冬尼申请接受洗礼。代表团的成员表示，如果无法留在俄国，而被迫回国，他们将必死无疑。1910年12月，《新时代》对此进行了报道，建议将那些未被俄国居民很好开发的土地分配给朝鲜人，比如鞑靼海峡沿岸。《莫斯科之声报》对朝鲜人大量加入俄国国籍的状况做出评论："远东地区的所有民族中朝鲜人被同化的速度最

---

① Песоцкий В. Д. Корейский вопрос в Приамурье. Хабаровск, 1913. С. 101.
② Русские ведомости. 1910, 20 июн.

快。他们很希望加入俄国国籍、接受东正教，送孩子去俄国学校学习，接受俄国文化。对俄国而言，他们是劳动力最有力的补充，在简朴和遵守纪律方面无人能及。他们的道德水平较高，阿穆尔沿岸地区的朝鲜人就是例证。"① 以上报纸总体上对远东地区朝鲜移民给予了肯定评价，认为俄国的朝鲜移民不仅不是危险因素，反而当俄国居民的人数无法增长，远东大量空旷土地无法充分利用时，朝鲜移民可以充当先锋。甚至坚定支持将"黄种人"劳动力从远东驱赶出去的俄国评论员梅尔库洛夫在对待朝鲜移民问题上也提出："朝鲜人作为'黄种人'的代表，相信俄国人民，热爱俄国像热爱自己的祖国一样，尽管身处下层，但他们保留着自己的信仰、语言和文化。作为劳动者，朝鲜人应该比其他所有黄种人更好。他们来到这里并不是想暂时居住，而是带着自己的家庭打算长久而稳固地生活。"②

综上，在20世纪初东北亚国际关系大背景下俄国境内出现的朝鲜移民潮，让沙皇政府极为警惕，无论中央政府还是地方当局，均采取了相应措施遏制远东地区日益增加的朝鲜移民。虽然，1906~1910年，从朝鲜迁移至俄国滨海省的总人数有所增加，但加入俄国国籍的人数并未与之同步增长，反而形成了逐年递减之势。究其原因，这正是俄国实施对朝鲜移民遏制政策的必然结果。然而，俄国的这种遏制和驱逐政策，随着国际局势的变化不得不再度进行调整。

---

① Голос Москвы. 1910, 26апр.
② Меркулов. С. Д. Вопросы колонизации Приамурского края. Желтый труд и меры борьбы с наплывом желтой расы в Приамурье. Владивосток, 1911. С. 42.

第四章 从"遏制政策"到"鼓励政策"的嬗变（1910～1917）

1910年，日本吞并朝鲜后，俄国境内出现大量来自朝鲜的政治性移民。① 一些朝鲜爱国者以俄国滨海省为根据地开展反日斗争。为了对境内朝鲜人问题进行全面考察，俄国政府组建阿穆尔考察团，并最终对其给予了肯定评价，阿穆尔考察团的结论成为俄国政府对朝鲜移民政策调整的重要参考。而1911年，果达基担任阿穆尔沿岸辖区总督后对朝鲜人采取的友善态度，以及1914年一战的爆发，亦推动了俄国对朝鲜移民政策从"遏制"向"鼓励"的嬗变。

第一节 "日朝合并"后大量朝鲜移民的涌入

早期迁入俄国境内的朝鲜移民以农民为主，而朝鲜被吞并后，不堪忍受日本残酷奴役的大量朝鲜人被迫逃离故

---

① 政治性移民相对于经济移民而言，是由于政治剧变而被迫逃离其原所在国的移民，具有无计划性、非自愿性等特点。

土，流向境外。这一时期，政治性移民成为移民浪潮的主体。

一 朝鲜移民的数据信息

20世纪初，由于俄国中央政府和阿穆尔沿岸辖区总督翁特尔别格采取的遏制措施，大量朝鲜人在逃离祖国之时选择了中国，进而使流入俄国境内的朝鲜人数量出现下滑，特别是从朝鲜北部来到阿穆尔沿岸辖区短期务工的人数逐年递减：1907年12001人，1908年4780人，1909年3924人，而1910年仅2324人。① 根据俄国驻朝鲜总领事奇尔金的资料，"由于1910年符拉迪沃斯托克采取了某些限制入境和监控朝鲜人的措施，可以提供来俄护照的朝鲜人减少了整整一半。这导致了朝鲜人停留在间岛②和中国东北，那里的朝鲜人数达到了9.2万人"③。根据日本人的统计，1911年初，间岛的朝鲜人为97137人。仅从1910年8月至1911年4月，便有1.5万名朝鲜人越境来此，平均每月2000人。④

---

① Копия донесения управляющего российско-имп. генеральным консульством в Корее С. В. Чиркина российско-имп. поверенному в делах в Токио от 1 февраля 1914г. -АВПРИ. Фонд《Японский стол》. Опись 493. Дело21. Лист102.
② "间岛"一词出自朝鲜越江垦民之口。原指图们江北岸今龙井市开山屯镇光村附近一块面积2000余亩的江滩地。中国称之为"假江"，又名"江通"。在此耕种的朝鲜垦民称之为"垦土"或"垦岛"、"间岛"。它的地域随着朝鲜垦民耕地面积的增加而不断扩大。正像李重复说过的那样，朝民先把开垦出来的假江呼为"间岛"，"后钟、会、茂、稳四邑之民渐耕间岛以外之地，遂至沿江遍野无处不垦而通称间岛"（惠琴：《中韩"间岛问题"之探讨》，《中朝边界研究文集》，吉林省社会科学院，1998）。
③ Копия секретного донесения российского имп. консула в Корее от 7мая1910г. - АВПРИ. Фонд《Японский стол》. Дело20. Лист71.
④ Песоцкий В. Д. Корейский вопрос в Приамурье. Хабаровск, 1913. С. 33.

第四章 从"遏制政策"到"鼓励政策"的嬗变（1910~1917） | 119

然而，这一情况持续的时间并不长，随着朝鲜国家局势的突变，俄国再次成为朝鲜移民的涌入之地。1911年，在阿穆尔沿岸辖区正式登记的朝鲜移民人数是62529人，1912年有64309人。① 根据佩索茨基的评估，滨海省朝鲜移民每月增加600~700人②，他们主要分布在该省的波谢特、尼古里斯克—乌苏里斯克和兴凯湖周边地区。1917年，在波谢特地区的阿吉密、扬齐河和波里索夫3个乡生活着29895名朝鲜移民（包括拥有俄国国籍和非俄国国籍的朝鲜人），而这里的俄国居民人数仅为3400人。

根据官方的统计数据，可以将1909~1911年，俄国阿穆尔沿岸辖区朝鲜移民的数量与中国移民的数量做简单对比（见表4-1）。

表4-1 1909~1911年阿穆尔沿岸辖区
朝鲜移民和中国移民数量

单位：人

外国居民	1909年	1910年	1911年
朝鲜人	38955	41185	45240
中国人	88168	83393	80045
总数	127123	124578	125285

资料来源：РГИА. Ф. 1284. Оп. 185. Д. 23. Л. 218.

由上可见，与中国移民人数逐年递减趋势相比，朝鲜移民数量却在稳步增加。1909~1911年，阿穆尔沿岸辖区中国移民的绝对数量减少了8123人，下降率为10.1%。而

---

① Песоцкий В. Д. Корейский вопрос в Приамурье. Хабаровск, 1913. C. 33.
② Песоцкий В. Д. Корейский вопрос в Приамурье. Хабаровск, 1913. C. 33.

朝鲜移民的数量1910年环比增长5.7%，1911年环比增长9.8%，两年间，朝鲜移民人数共增加6285人，增长率为16.1%。然而，朝鲜移民的实际数量比表中的数字更高，因为许多居住在山区和后乌苏里江区域的朝鲜移民并未登记。佩索茨基写道："向滨海省移民的规模由于缺少统计数据无法精确计算。事实上，我们的边界全线开放了，越境变得很自由，因为清查朝鲜移民工作对我们而言十分困难，更确切地说是不可能的。特别是在边境地区的警察和防卫力量十分有限的情况下。"①

二 朝鲜移民潮的背景

根据以上统计资料，1910~1911年，俄国远东地区朝鲜移民人数出现了较大幅度上浮。带来这种变化的主要原因是，1910年8月22日，日本迫使朝鲜签订《日韩合并条约》，朝鲜正式沦为日本的殖民地。在日本的殖民统治下，朝鲜经受了野蛮的殖民压迫和经济掠夺。

政治上，日本把持着朝鲜各级政府的权力，并对朝鲜各地掀起的反日武装起义，给予坚决镇压。为此，日本在朝鲜大力扩充兵力、广设警察机构和监狱。1910年9月10日，日本发布《朝鲜驻扎宪兵条例》，使驻扎在朝鲜的日本宪兵拥有军事、警察和维持一般社会治安的行政权。日本宪兵所管辖的业务可谓包罗万象，不仅维持社会治安，也管理一般行政运行，这使朝鲜完全沦为日本宪兵独裁统治无所不为的殖民地。朝鲜人的一举一动、一言一行受到严密监控，若有任何反抗之嫌，便会受到审讯，遭到鞭打，

---

① Песоцкий В. Д. Корейский вопрос в Приамурье. Хабаровск, 1913. С. 33.

第四章 从"遏制政策"到"鼓励政策"的嬗变（1910～1917）

朝鲜民众时时处于恐慌之中。除了宪兵，朝鲜还驻扎了大量日本军队。日俄战争后，日本在朝鲜已安排驻军，但1915年，日本国会决定增派军队，并由此前的轮流替换改为常驻朝鲜。日本通过各种手段，全力镇压当地朝鲜人民，力图全面控制朝鲜政权（见表4-2）。

表4-2 1911～1916年朝鲜被日本吞并后被捕和等待审判人数

年份	逮捕的人数（人）	候审的人数（人）	总数（人）	增长率（%）
1911	7342	9465	16807	—
1912	9652	9842	19494	16
1913	11652	10194	21846	12.1
1914	12962	11472	24434	11.8
1915	14411	12844	27255	11.5
1916	17577	15259	32836	20.5
总计	73596	69076	142672	—

资料来源：Петров А. И. Корейская диаспора в России1897 - 1917гг. Владивосток, 2001. С. 34.

从表中的数据可以看出，自日本吞并朝鲜以来，被捕的爱国人士逐年增加，从1911年的7342人增加到1916年的17577人，而候审的人数亦从9465人上升到15259人。截至1916年，被日本殖民当局逮捕和候审的朝鲜人总数达到了142672人。日本统治者对朝鲜人反抗运动的残酷镇压由此可见一斑。

经济上，日本对朝鲜人民实行野蛮的殖民掠夺，掠占朝鲜人的土地。为全面控制朝鲜的经济命脉，1908年12月，日本设立了东洋拓殖株式会社（简称"东拓"）。东拓的业务是对朝鲜进行拓殖，主要包括：农业、土地买卖、经营和管理土地、买卖和借贷建筑物、招募和分配日韩移民等。"东拓"在朝鲜占有的土地主要分为：朝鲜政府的出资地和收买地。而获得这些土地后，日本政府会把本国农民移殖到朝鲜，使其变成地主或自耕农，进行集约性生产。在"东拓"优厚条件的吸引下，日本人向朝鲜迁移的热情十分高涨，这使在朝鲜的日本移民逐年增加，在农村经济中形成一股强大的势力。东洋拓殖株式会社在朝鲜占有土地情况，见表4-3。

表4-3 东洋拓殖株式会社占有土地情况

单位：町步

年份	旱田	水田	其他	总计
1910	2300.6	8643.8	91.1	11035.5
1912	6502.3	18763.4	1554.1	26819.8
1914	18753.7	46642.1	4748.2	70144.0
1919	20145.0	51149.0	7226.0	78520.0

资料来源：朴庆植：《日本帝国主义的朝鲜支配》，青木书店1973年版，第77页。

此外，日本通过所谓土地调整，借机侵吞朝鲜土地。1910年8月24日，朝鲜总督府颁布《土地调查法》，1912年8月，正式设立高等土地调查委员会官制，并推行《土地调查令》。其中，最让朝鲜农民无法忍受的是，要求其在规定期限内，把所有土地关系申告到总督府。朝鲜总督府利用农民对土地关系了解模糊这一劣势，蓄意制定复杂程序，让朝鲜农民无法按期正常申报自己所有的土地，致使一旦超期，或申报文书出现一丝纰漏，便会被拒绝受理，随之失去所有权。由此，日本借土地调查之名大量掠夺朝鲜土地权和地税权，全面控制朝鲜的农业经济。

1910年后，处于日本殖民统治下的朝鲜民族备受欺压。日本不仅在政治上进行野蛮统治，还在经济上肆意掠夺，大量朝鲜民众由此丧失土地，流离失所，大批破产农民无处安身，被迫离乡背井，移民海外。在朝鲜人向海外移居的过程中，俄国远东地区再次成为朝鲜民众选择的"避难所"。

第二节 1914~1917年鼓励政策故态复萌

一 俄国对朝鲜移民问题的再思考

（一）"黄祸"与朝鲜移民问题

19世纪末，"黄祸""黄种人问题"作为一个专有名词开始出现在俄国的大众媒介中。"黄祸"是把以中国为代表的亚洲信仰佛教的黄种人，统统视为"西方之敌"。此时，俄国之所以将朝鲜移民与"黄祸"联系在一起，主要原因包括以下几个方面。

其一，自俄国夺取黑龙江以北、乌苏里江以东大片领土后，俄国政府很快发现边防空虚问题。为了积极推动远东经济发展，俄国政府出台多项措施力图改变这一现状。如前所述，俄国先将存在了200多年的人口禁令解除，随后派哥萨克为先导部队对远东地区进行开发，最后为增加劳动力，以优惠条件为诱饵，大力鼓励本国居民，甚至外来人，包括朝鲜人向远东地区迁移。国内移民由于路途遥远、交通不便、气候不适等原因效果不佳。而相反，与之相毗邻的朝鲜人，为了摆脱恶劣的生存环境，纷纷迁入俄国，逐渐成为远东地区各个领域的主要劳动力。大量朝鲜人聚居在俄朝边界地区，引起了俄国政府的恐慌。

其二，20世纪初，清政府对中国东北地区实行了"实边政策"。1904年，清政府开始推行移民招垦政策。1908年，黑龙江更是公布了《沿边招民垦荒章程》，该章程通过领荒、发放路费、提供贷款等鼓励政策大力招募民众。在东北实边过程中，大量中国人和此前进入中国境内的朝鲜人涌入东北地区。然而，许多移民在行进过程中，并未在中国东北地区停留，而是继续前行，越过中俄边境，甚至还有一部分移民从中国境内东部各省份经海路到达俄国。与工人一起来到俄国的还有一些小商贩、工匠和女佣，这使俄国远东地区到处充斥着黄种人，既包括中国人，也包括朝鲜人。他们不仅在滨海省，还扩散到阿穆尔省，甚至还有一部分深入乌第金矿地区，成为工人、淘金者和独立的狩猎者。根据地方政府的资料统计，1910年，该省生活着外籍朝鲜人36655人，俄籍朝鲜人14799人，即72%是外籍人，拥有俄国国籍的人仅占28%，前者是后者的2.5倍。①

正是在上述背景下，远东地区的"黄色元素"成为俄国当局关注的焦点。其中大量外籍朝鲜移民亦成为俄国警惕的对象。佩索茨基曾这样说道："波谢特地区南部无论从外观还是地区生活方式来看，显然是朝鲜的延续。特别是斯拉维斯克、波谢特和诺沃金耶夫斯克，那里没有军事据点，没人会说这个边区属于俄国。仅仅在仔细观察后才能

---

① Песоцкий В. Д. Корейский вопрос в Приамурье. Хабаровск, 1913. С. 65.

找到俄国行政机构，比如乡、村政府的影子，还有一些不大的教堂和少量的居民，在这些地方朝鲜移民占优势。应该指出的是，波谢特地区事实上掌握在朝鲜人手中。"① 而阿穆尔考察团格拉文对朝鲜移民生活区亦印象深刻。他提到，波谢特地区俄国化十分微弱，朝鲜移民聚居地俨然是一个独立的朝鲜移民社会。他们建造朝鲜式房屋、穿朝鲜民族服饰、保留传统民族习惯、说民族语言、信奉萨满教和各种巫术。因此，无论佩索茨基，还是格拉文，都认为俄国境内的波谢特地区非常密集地居住着朝鲜移民，并且生活方式独特，那里更像是"朝鲜的延续"，或者接近"真正的朝鲜"。那么，如何看待远东地区的"黄色元素"，如何对待朝鲜移民，俄国国内可谓观点迥异。

一种观点支持用法律途径解决朝鲜移民问题。该观点的代表人物佩索茨基认为，对俄国而言，朝鲜移民和中国移民两者之间有本质区别，朝鲜移民由于其独特的顺从性对远东地区并没有什么危害，所谓的"黄祸"主要指中国移民，而朝鲜移民相关事宜应该统称为"朝鲜人问题"。佩索茨基提出，解决"朝鲜人问题"的关键是要确立朝鲜移民的法律权利，应该由远东地区外国居民领导的特定机构为其提供法律保护，并对朝鲜移民法律权利的实施进行具体监督，而不是实施专制。为落实这一构想，他建议成立外国人（黄种人）事务管理局和外国人事务监督检查局。检查局处于管理局之上，由辖区总督担任，而事务管理局应该由省军事总督担任，将其设在符拉迪沃斯托克或尼古里斯克。

---

① Песоцкий В. Д. Корейский вопрос в Приамурье. Хабаровск, 1913. С. 65.

另一种观点是极端沙文主义的、排斥朝鲜移民的观点，代表人物是1906～1910年担任阿穆尔沿岸辖区总督的翁特尔别格。他认为，朝鲜移民尽管很勤劳、温顺，并擅长农耕，但对于边区的利益而言甚至比中国移民更危险。因为中国移民如果没有工作，不会留在边区，而朝鲜移民恰恰相反，他们会努力在此安家，这对俄国开发边区危害极大。

翁特尔别格的观点在俄国蔓延，俄国当局对境内朝鲜移民渐渐产生质疑。

从国内看，尽管朝鲜移民有很多优秀品质，短期内可以补充劳动力队伍，但长期而言，朝鲜移民人数的增加，特别是非法移民的增加，势必会给俄国带来更大的经济损失。据统计，1909～1912年，生活在远东地区的外籍朝鲜移民人数由3.4万增加到4万人，甚至更多，所占比重由68.5%上升到73%，其中大部分人都是非法入境者。首先，非法入境者没有护照或相关证件，没有正规入境手续，逃避了入境者需要向俄国政府缴纳的费用；其次，在俄国的外籍朝鲜移民通常未做登记，俄国当局根本没办法向他们征税；再次，朝鲜移民往往向哥萨克和其他俄国地主租种土地，尽管他们的垅播法提高了农业生产率，使远东地区在短期内获得了很大效益，但这些土地频繁地使用，无法休耕，最终使地力耗尽；最后，朝鲜移民在远东地区充当劳动力，抢占了俄国居民的工作机会，甚至那些拥有土地的俄国农民亦很少自己耕种，往往租给朝鲜移民，坐享收成的一半，造成很多俄国人沉溺于懒惰、寄生、醉酒的生活中。

从外部看，自1910年日本吞并朝鲜后，俄国境内出现

第四章　从"遏制政策"到"鼓励政策"的嬗变（1910~1917）　| 127

的所有朝鲜移民均应被视作日本的附属国民。"朝鲜人问题"可能会引发日俄关系的复杂化，甚至引起某些外交纠纷。俄国社会对境内朝鲜移民的不同声音和质疑，要求俄国当局必须快速、紧迫地解决这些问题，这个任务便摆在了阿穆尔考察团的面前。

（二）阿穆尔考察团关于解决朝鲜移民问题的建议

1909年10月，阿穆尔考察团奉俄国政府之命组建而成。阿穆尔考察团团长果达基记录如下："1909年10月27日，根据大臣会议的最高指示，成立了阿穆尔考察团对阿穆尔铁路沿线进行考察，并寻找安置居民的措施。"① 但事实上，他们被授予了更广泛的权力。在调查过程中，出现了一些之前没有预料到的问题，"朝鲜人问题"便是其中之一。

1911年，阿穆尔考察团团长果达基担任阿穆尔沿岸辖区总督一职，他委托原阿穆尔考察团成员佩索茨基研究"朝鲜人问题"，3个月后佩索茨基撰写了《阿穆尔沿岸地区的朝鲜人问题》，后来成为《钦派阿穆尔考察团成果》中的第五部。在此研究成果中，佩索茨基针对"朝鲜人问题"中的经济、政治、文化等提出建议。

第一，俄国政府应该一方面用庞大的资金、严苛的法律和必要的监督，禁止朝鲜人继续向俄国移民，同时要清除边境地区的"朝鲜元素"，将那些早期来到俄国并定居在边境地区的朝鲜人，迁往边区内陆；另一方面，俄国政府要渐进持续地将俄国人安置在边区。

---

① Нам С. Г. Российские корейцы История и культура (1860–1925). М., 1998. С. 69.

第二，为了净化边区，要详细确定每个朝鲜人的身份。由于在俄国只有很少一部分朝鲜人才具有合法的地位，因此，要派专人确认边区拥有俄国国籍和未拥有俄国国籍的朝鲜移民人数。如果遇到没有加入俄国国籍的朝鲜人，应该明确他们的国际法律地位，认定他们是日本公民，但又不能与日本人等同。

第三，为了俄国的发展和繁荣，为了加强俄国在东方的优势地位，应该利用所有类型的朝鲜人。所以，应该将所有类型的朝鲜人安置在俄国农民和工人不愿前往，但对农业发展十分必要和重要的地方。

第四，发展朝鲜人出租业，并对他们参与工业等其他生产部门加以调整。

第五，努力用朝鲜人替代中国人。

第六，避免引起生活在边区的俄国人和朝鲜人之间的混乱，为了确立俄国在东方的强大，尽量不要引发民族纷争和不必要的冲突。

第七，不要让俄国地方当局和俄国人民被朝鲜人的某些方面所迷惑，要坚定不移地执行同化朝鲜人的政策。在这一点上，佩索茨基的观点与翁特尔别格截然相反。翁特尔别格认为，同化朝鲜人或者在不远的将来能够同化基本上是徒劳。而佩索茨基则表示，同化是完全可能的，只是需要一些时间和耐心。他认为，"第一代朝鲜人在各个方面仍然还是朝鲜人，可是第二代、第三代朝鲜人已经融合于俄国居民之中，他们已不再是'黄祸'因素。朝鲜人在精神生活和文化水平方面相对低于俄国居民，但在经济方面比俄国居民高。如果朝鲜人采取俄国的生活方式和教育方法，俄国当地农民也不羞于向朝鲜人借鉴土地耕作方法和农业技术，那么，我们在精神和智力上的优势可以完善并发展借用来的东西，甚至可以把它上升到新的高度，赋予它民族特征，对此我们需要时间"。①

佩索茨基的建议成为阿穆尔考察团对待"朝鲜人问题"的基础。据此，阿穆尔考察团对朝鲜移民在俄国的积极作用和负面影响做出了客观评价。考察团对朝鲜人来到阿穆尔沿岸辖区的积极作用总结如下：

①发展了农业经济，有利于阿穆尔沿岸辖区的经济生活；

②朝鲜人与中国人不同，中国人将所有的工资寄回国内，而朝鲜人却把所有的钱都留在边区；

③朝鲜人充当雇农为农业生产提供了廉价劳动力；

④朝鲜人可以去那些俄国工人不愿意去和没有特别要求使用俄国人的劳动部门；

⑤在俄国的朝鲜人都很勤劳、守法，而且要求不高；

⑥国家从发放证件和签发护照的手续中可以获得一定收入。

阿穆尔考察团在指出朝鲜移民积极作用的同时，还客观分析了境内大量朝鲜移民对俄国产生的负面影响，他们有的加入了俄国国籍，有的并未加入俄国国籍，甚至还有的朝鲜移民属非法入境者。

①大量非法移民，没有缴纳通行证税金，会给国家带来经济损失；

②俄国农民的土地实际上租给了非俄国国籍的朝鲜人，

---

① Песоцкий В. Д. Корейский вопрос в Приамурье. Хабаровск, 1913. С. 147.

这会给俄国农业经济发展带来损失；

③朝鲜人耕种俄国土地，虽然可以提高生产率，但亦会使当地的土地资源耗损殆尽；

④俄国可能出现朝鲜人的贿赂行为，这使国家行政官员道德出现缺失；

⑤1910年朝鲜沦为日本殖民地后，朝鲜人的国际法律地位不明晰，如果继续接纳朝鲜人，会引起第三方干预。①

阿穆尔考察团通过实地考察与调研，虽然其结论没有避免民族狭隘性，但总体上基本肯定了朝鲜移民对远东开发的作用，并认为有必要提供一定的物质帮助，为其分配土地，并接纳他们加入俄国国籍。

二 俄国对朝鲜移民的鼓励政策

在阿穆尔考察团的建议下，俄国对朝鲜移民的政策逐渐宽松，甚至转向鼓励和支持，这主要体现在两个方面。

第一，俄国开始恢复使用朝鲜劳动力。1910年12月2日，大臣会议决定允许俄国籍朝鲜移民参加阿穆尔铁路的建设，而外国籍朝鲜移民和中国移民建设乌苏里铁路。② 随着禁止外国劳动者在国有企业雇用法案的废止，朝鲜移民重新被采矿场雇用。1911年2月，大臣会议命令阿穆尔沿岸辖区总督，可以在金矿临时使用此前加入俄国国籍的朝鲜移民；1911年4月，阿穆尔沿岸辖区开始允许采矿业临时雇用已获得俄国国籍的朝鲜移民。这促使远东地区各部门的朝鲜劳动者数量有所增加。1911年，滨海省采矿场朝

---

① Песоцкий В. Д. Корейский вопрос в Приамурье. Хабаровск, 1913. С. 108.
② Приамурские ведомости. 1911, 3 марта.

鲜劳动力的数量是1895人，1913年1669人，1914年1730人，1915年达到了2117人。此后，远东地区各行各业全面向朝鲜移民敞开大门。1911年3月，朝鲜人便被允许到符拉迪沃斯托克的商埠工作。① 当年5月，朝鲜人又出现在铺设堪察加电话线的工作中。② 1914年1月，内务部向国家杜马提交了《关于在阿穆尔沿岸辖区和伊尔库茨克总督辖区外贝加尔省使用外国人并允许他们在上述地方生活的规定》，其中肯定了朝鲜移民在边区的重要作用，特别是为远东地区带来了独特的更符合当地气候条件的耕种方法，开垦了那些被俄国农民认为完全没有办法耕种的土地，同时还将经验传授给俄国农民。

1914年7月底，随着第一次世界大战的爆发，大批俄国工人被送往前线充军作战，此时，俄国后方的各企业出现了劳动力严重不足的现象。俄国对远东地区的政策进行了调整，特别是针对此区域的朝鲜移民。1915年8月31日，内务部警察厅厅长给各省长、市长和州官员下达第41283号指示，要求必须采取必要措施，允许俄籍朝鲜移民和中国移民顺畅地进入帝国境内，可以在冶金、采煤企业中工作，但必须提供国民护照，然后由大使馆进行确认，在护照中要明确姓名、年龄、国籍以及工作企业等信息。中国移民和朝鲜移民的其他手续必须合法，而且有地方机构进行认证，并在俄国境内换取相应证件。虽然这些规定有利于中国人和朝鲜人进入俄国境内，并获得工作机会，

---

① Особый журнал Совета министров 21 апреля и 5мая 1911г. -АВПРИ. Фонд, 《Тихоокеанский стол》. Опись 487. Дело750. Лист52.

② Особый журнал Совета министров 21 апреля и 5мая 1911г. -АВПРИ. Фонд, 《Тихоокеанский стол》. Опись 487. Дело750. Лист77.

但最初他们不能自由地选择工作地点,随着战争形势的发展,朝鲜移民的工作范围才逐步扩大。

1915年4月21日,大臣会议决定,允许位于伏尔加一线以东地区的企业使用黄种人充当劳动力。① 1916年3月15日,俄国大臣会议主要针对境内的朝鲜移民和中国移民出台了十项规章。其中指出,大臣会议决定采取优惠措施吸收中国人和朝鲜人到俄国工作,但这针对的是经过俄国大使馆确认的具有护照的外国人。同时,俄国政府对黄种人的活动要进行监督,由当地政府机构或者地方自治机构对承租情况进行监察。此外,规章还对使用朝鲜人的工作地点进行了规范,即允许在贝加尔湖和伏尔加河右岸之间(西伯利亚铁路两侧26.67千米地带除外)的冶金、矿山、冶铁、机械部门使用朝鲜和中国劳动力。除以上规定的企业可以使用黄种人外,内务部、国防部和交通部等相关部门也可以使用黄种人进行劳动。1916年8月,大臣会议批准黄种人进入"贝加尔湖以西,除直接军事区"外的俄国各地。此后,朝鲜人获得了在俄国全境自由迁移的权利(战争地区除外)。②

在以上政策的鼓励下,朝鲜人纷纷从海路、陆路等各种渠道涌入俄国,阿穆尔沿岸辖区正式登记在册的朝鲜移民从1915年的7.26万人增加到1917年的84678人。③ 仅以滨海省为例,1911~1914年4年内,朝鲜移民的数量从51712人上升至63949人(见表4-4)。

---

① АВПРИ. Фонд,《Тихоокеанский стол》. Опись487. Дело1059. Лист1.
② Особый журнал Совета министров от 15 марта, 5августа, 6сентября1916г. - РГИА. Фонд391. Опись6. Дело 298. Листы180, 203.
③ Песоцкий В. Д. Корейский вопрос в Приамурье. Хабаровск, 1913. С. 33.

第四章 从"遏制政策"到"鼓励政策"的嬗变(1910~1917) | 133

表4-4 1914年滨海省各县市朝鲜移民人数具体分布

单位:人

地域分布	俄国籍朝鲜人		非俄国籍朝鲜人	
	男性	女性	男性	女性
城市				
符拉迪沃斯托克	372	233	3055	2575
哈巴罗夫斯克	172	83	739	194
尼古里斯克-乌苏里斯克	410	293	539	278
总数	954	609	4333	3047
县				
尼古里斯克-乌苏里斯克	201	6486	12058	10012
伊曼斯克	468	365	1765	703
奥尔金	1010	711	6411	5389
哈巴罗夫斯克	487	458	386	96
总数	10166	8020	20620	16200
全省总数	11120	8629	24953	19247

资料来源:Пак Б. Д. Корейцы в Российской империи. Изд. 2-е, испр. Иркутск, 1994. С. 115.

因此,一战爆发后,俄国政府出于经济和政治等方面的考量,取消了此前一系列针对朝鲜移民的限制措施,逐渐转为鼓励政策。1915~1917年,虽然在俄国沙皇军队征兵政策影响下,部分朝鲜移民离开俄国移居到中国东北,但这一时期俄国境内朝鲜移民的总体数量仍然呈现上升之势。至1917年,仅滨海省朝鲜移民便达到81825人,占滨海省人口的30%。除此之外,阿穆尔省的朝鲜移民人数达到1万人。[①]

---

① Сборник материалов по политическому и экономическому состоянию Дальнего Востока (по данным совещания секретарей губкомов и председателей губисполкомов 3-го созыва1923года). -Чита, 1923. С. 76.

第二，俄国军队大力招募朝鲜移民。20世纪初，东北亚乃至世界局势风云激变，为了维护自身的边境安全，俄国开始在边境地区招募士兵。1900年7月9日，滨海省地方当局颁布了共16条款的《战时滨海省乡镇保护规章》，该规章规定："在自愿的基础上从滨海省各乡镇招募年龄为21~45岁的志愿兵。如果志愿兵的数量不足，乡镇和农村应该按照规定的数额选派劳动力参军；如果居民点位于边境地区30俄里之内，每2户选派1人，如果距离边境30~60俄里，每4户选派1人，如果距离边境60俄里以上，每6户选派1人。"①

朝鲜男子真正在俄国军队中服役始于1909年。但是由于相关资料较为分散，准确校定每年俄国军队中朝鲜移民的数量非常困难。一些来自同一乡镇的朝鲜移民被编入同一队，包括高尔萨科夫、克伦诺夫和普提罗夫队。朝鲜志愿兵非常勇敢，很多人获得了政府奖励。对此，1899~1903年担任滨海省军事总督的齐恰科夫曾在报告中有所描述："1900年，为了保卫国家，打击农村中的强盗，组建了志愿兵。此时，在志愿兵部队中有两个朝鲜百人队，由波谢特和绥芬河区域的朝鲜人组成。这些朝鲜士兵在执行任务的过程中表现得非常出色。"② 在1910年的征兵中，滨海省招入了158人，其中朝鲜移民数量为21人。

一战前，军校是很多朝鲜男子梦寐以求的地方。一些朝鲜移民为了得到专业化的军事教育，专门申请去俄国的

---

① Дацышен В. Г. Русско-китайская война: Маньчжурия 1900 г. Ч. 1. Боевые действия на сухопутном фронте. СПб., 1996. С. 56–57.
② Всеподданнейший отчет Военного губернатора Приморской области Генерал-Лейтенанта Чигагова за 1900 год. Владивосток. 1901. С. 19.

士官学校学习。例如，1902年5月，俄国政府收到来自扬齐河乡23岁小伙子谢尔盖耶维奇·汉尼写的申请书，他表达了希望进入帝俄士官学校学习的强烈愿望，并强调很多朝鲜移民都以能进入士官学校学习为荣，毕业后愿意为俄国的军队服役。为了表达自己的诚意，他还说道："父亲为了支持我在俄国学习，专门准备了1000卢布。"① 1903年，在俄国各大军事院校中至少招收了10名朝鲜移民。其中3人进入库尔斯克军事学校，2人到下诺夫哥罗德军官学校，还有2人成为丘季耶夫军事学院学员。② 还有些朝鲜移民在俄国军队中成为职业军官，例如，滨海省一位金姓朝鲜移民，1912年毕业于伊尔库茨克军事学校。毕业后仕途一帆风顺，由于在第一次世界大战中作战勇猛，故获封"勇敢的战士"称号。1917年革命初期晋升为中校，革命后，金跟随了白军，成为远东军团亚洲分团朝鲜步兵营的长官。据统计，1917年革命初期，军校中朝鲜男子大约有100人。

一战期间，为鼓励朝鲜移民入伍参军，俄国政府为朝鲜移民家庭发放货币和供给产品等补贴。但是，如果夫妻双方按照朝鲜风俗结婚，或未正式登记，或没有举行东正教婚礼，政府将不给予相应补贴。滨海省的报纸曾对此有所描述："在安德烈耶夫卡村中有3名朝鲜士兵，由于他们结婚仪式不符合规定，因此，不能获得政府补贴，但可以给予微薄的照顾。"③ 一战中，许多朝鲜移民表现得非常英勇，正如佩索茨基写道："朝鲜人绝不娇生惯养、害怕困

---

① АВПРИ. Ф. Миссия в Сеуле. Оп. 768. Д. 28. Л. 177.
② АВПРИ. Ф. Миссия в Сеуле. Оп. 768. Д. 69. Л. 81.
③ Далекая окраина. 1915, 5 марта.

难。他们很英勇、坚强、有毅力，即使在棍棒拷问下也非常坚毅。毫无疑问，朝鲜士兵作战英勇、吃苦耐劳，在朝鲜人中很容易建立起优秀的军团"①。第一次世界大战期间，俄国军队约有4000名朝鲜人，其中军官150人。② 朝鲜移民用服役证明对俄国政府的忠诚，在朝鲜移民聚居的村镇，欢送士兵成为隆重的节日，他们发表讲话，并为预祝沙皇政府及其盟友能够尽快取得胜利而干杯。

朝鲜移民加入俄国军队的情况，招来了日本方面的坚决反对。日本人担心，朝鲜人加入俄国军队，会成为朝鲜自由运动的主要武装力量。日本报纸《朝日新闻》报道："根据东京政府的观点，应该清除俄国军队中的朝鲜人，他们是可能挑拨俄日关系的革命者。"③ 然而，这并没有阻止朝鲜移民加入俄国军队的步伐。1915 年，滨海省 3000 名具有俄国国籍的朝鲜人向俄国军方申请从军。④ 对此，俄方答复："居住在哈巴罗夫斯克、符拉迪沃斯托克和白山区域的 3000 名朝鲜人申请获得俄国国籍并且参军，他们所生活的国土被日本割据，但他们却不承认日本的所属权。针对这些不具有日本国籍的朝鲜人，大臣会议决定吸收他们加入俄国国籍。"⑤

1917 年俄国十月革命初期，滨海省的主要兵团位于德奥前线，其中包括第 1 西伯利亚军团，由第 1 和第 2 西伯利亚步兵师组成。第 4 西伯利亚军团，包括第 3 和第 9 西伯利

---

① Песоцкий В. Д. Корейский вопрос в Приамурье. С. 71 – 72.
② Нам С. Г. Указ. соч. С. 84.
③ АВПРИ. . Ф. Тихоокеанский стол. Оп. 487. Д. 767. Л. 28.
④ АВПРИ. Ф. Тихоокеанский стол. Оп. 487. Д. 767. Л. 27.
⑤ АВПРИ. Ф. Японский стол. Оп. 493. Д. 212. Л. 19 – 19об.

第四章 从"遏制政策"到"鼓励政策"的嬗变（1910~1917） | 137

亚步兵师，以及包括第6和第10西伯利亚步兵师在内的第5西伯利亚军团。① 此外，还有一些正规军团的分队留在阿穆尔沿岸辖区。例如，第8民兵团包括3个旅，由31支分队组成，其中20支分队驻扎在符拉迪沃斯托克、尼古里斯克-乌苏里斯克、斯帕斯克、哈巴罗夫斯克和布拉戈维申斯克，11个分队被派往中国东北保护中东铁路。② 在这些军团中均可看到朝鲜移民的身影。

由上可见，1910年以后，俄国对朝鲜移民的政策开始由"遏制"转向"鼓励"，不仅允许各劳动部门大力使用朝鲜移民，军队亦招募大量拥有俄国国籍的朝鲜移民。俄国对朝鲜移民的政策之所以做出调整，究其原因主要有以下两点。

第一，一战期间俄国急需劳动力及兵力。1914年一战爆发后，俄国急需大量劳动力进行军工生产，更需要大量新兵到前线作战。为此，阿穆尔沿岸辖区对朝鲜移民政策进行了调整。一方面，调派廉价朝鲜移民去俄国西部，以补充劳动力资源加强军工生产；随着俄国在战争的泥潭中越陷越深，对新的武器弹药和武装力量的需求越来越迫切，而生产这些物资需要大量的人力资源，政府不得不使用此前不被他们接受的黄种人充当劳动力；另一方面，积极接收长期居住在阿穆尔沿岸辖区未加入俄国国籍的朝鲜移民

---

① Зуев В. Н. Участие войск Приамурского военного округа в революционных событиях 1917г. \ Дальний Восток России в период революции 1917 года и гражданской войны. Владивосток: ДВО РАН, 1998. С. 33.

② Зуев В. Н. Участие войск Приамурского военного округа в революционных событиях 1917г. \ Дальний Восток России в период революции 1917 года и гражданской войны. Владивосток: ДВО РАН, 1998. С. 34.

入籍，以增加兵源。截至1917年，入籍的朝鲜移民数量达到32841人，而1914年一战爆发之初，朝鲜移民的人数仅为20109人。尽管俄国并不想得罪其"东方盟国"日本，并为维持与日本的"友好"关系，曾一度公开表示要完全消灭已在俄国远东地区发展壮大的朝鲜反日抵抗运动，但由于战争需要，俄国在1914～1917年还是接纳了大量朝鲜移民入籍，并且开始积极向具有俄国国籍的朝鲜移民征募士兵，其中19～47岁的朝鲜男性有4000人入伍，包括150名军官。①

第二，阿穆尔沿岸辖区新总督的友善态度。日本吞并朝鲜后，俄国出现大批朝鲜移民申请入籍的现象。1910年，希望加入俄国国籍并且生活在阿穆尔沿岸辖区朝鲜移民的数量大约3万人（7600户家庭）。他们大多长期居住在俄国，有的生活超过25年，有的出生在俄国，从来没有回过朝鲜，甚至跟国内的亲人完全失去了联系。1910年，有9780名成年男子提出要集体加入俄国国籍，并表示，自己在俄国领土上生活多年，希望成为忠诚的俄国臣民，享有与俄国居民同等的权利。

1910年8月24日，这份申请书转交到内务部后，统治阶级内部在此问题上产生了分歧：一种观点来自阿穆尔沿岸辖区总督翁特尔别格。他认为，在边区安置黄种人极不合适，大量吸收朝鲜移民加入俄国国籍不符合国家和地方经济利益。因此，他在给内务部的信中回答道："应该拒绝

---

① Нам С. Г. Российские корейцы История и культура (1860 – 1925). М., 1998. С. 84.

9780名朝鲜人的请求。"① 外交部格拉文亦赞同翁特尔别格的观点,同样认为"不能允许朝鲜人加入俄国国籍"②。

另一种观点来自时任阿穆尔考察团团长果达基。果达基全力支持在远东大量吸收朝鲜劳动力,并批准朝鲜移民加入俄国国籍。1911年2月,他曾公开强调,当朝鲜人永远地离开自己的祖国,便把俄国当成了第二故乡。朝鲜人历史的大量事实证明,朝鲜人有与俄国人融合的愿望。他们了解俄国的习俗,学习俄语,去俄语学校接受教育,而那些加入了俄国国籍的朝鲜移民,均顺从地服了兵役。因此,对于朝鲜移民加入俄国国籍一事,不应设置任何障碍。滨海省军事总督斯维齐支持果达基的观点。除了从经济利益出发外,还用其他论据支持接收9780名朝鲜移民加入俄国国籍的立场。他提道:"对我们来说,吸收朝鲜人入籍不利之处在于,他们中的一些人内心认为自己仍然是朝鲜人。但是,大多数人出于对日本人的仇恨,不希望回到处于日本统治下的自己的国家,很多人决定与过去完全割裂。如果不接收这9780名朝鲜人,就会出现不安定因素。因为这些人不认可自己是日本人,如果又没加入俄国国籍,法律上只能认定他们与日本人相同,会不可避免地带来一系列问题。由于这些琐碎的问题,会影响我们与日本政府的关系。因此,朝鲜人入籍的问题迟早要考虑,……拒绝入籍,我们便失去了9000多人,而部队的每个兵团都有1~2名朝

---

① Письмо Приамурского генерал-губернатора Унтербергера военному губернатору Приамурской области. Хабаровск, 4декабря1910г. -РГИА ДВ. Фонд1. Опись12. Единица хранения94. листы13.
② Граве В. В. Китаиций, корейцы и японцы в Приамурье. Спб., 1912. С. 194.

鲜人，必要的时候，对我们而言是非常重要的因素。"① 在果达基等人的努力下，1911 年 4 月 21 日，大臣会议决定授权内务部，接收居住在阿穆尔沿岸辖区的朝鲜人加入俄国国籍②，地方当局的警察要对每一位申请入籍者进行详细记录，例如，出生年月、出生地、宗教信仰、是否做礼拜、来俄国的原因、何时回国、是否有护照和俄国居住证、是否与国内亲人保持联系、是否习惯俄国的生活环境、是否继续穿着本民族服饰、是否梳本民族发式、是否会说俄语、详细的财产状况和工作能力、政治忠诚度和教育程度等。③

1911 年，阿穆尔考察团团长果达基担任新一任阿穆尔沿岸辖区总督。他更是直接践行了自己对朝鲜移民的友善态度。果达基上台后，立即将 1908 年翁特尔别格在任时发布的禁止在金矿使用黄种人的命令取消。同时提出，在没有俄国工人的情况下，阿穆尔沿岸辖区不能没有黄种人劳动力；朝鲜移民在俄国促进了农业发展，他们甚至可以在完全不能耕种的地方进行生产；现存的禁止使用朝鲜劳动力的措施阻碍了阿穆尔铁路的建设，由于许多来自欧洲部分的俄国人，都去了矿山，致使铁路建设急缺劳动力。④ 因此，果达基认为，朝鲜移民是对俄国边区有益的因素，即便将来一旦与日本发生战争，朝鲜移民也将成为击败日本的可靠力量，有必要积极安置。此后，俄国又开始吸收朝

---

① Письмо военного губернатора Приморской области Свечина Приамурскому генерал-губернатору. Владивосток, 12сентября1910г. -РГИА ДВ. Фонд1. Описы12. Единица хранения91. листы34.
② Харбинский вестник, 1911, 25апреля.
③ Песоцкий В. Д. Корейский вопрос в Приамурье. Хабаровск, 1913. С. 51.
④ Журнал комитета по заселению Дальнего востока. Заседание 4февраля1911г. -РГИА ДВ. Фонд702. Опись1. Дело 640. Листы245 – 246.

鲜移民加入俄国国籍。1911年2月，远东地区委员会提供给内务部的文件显示，有2587名朝鲜移民申请加入俄国国籍。① 1912年，被批准加入俄国国籍的朝鲜移民共有2961人。1913年2月下达了允许朝鲜移民申请加入俄国国籍、没有护照的朝鲜移民也可以在俄国居住的规定。② 1917年，仅滨海省一个地区，获得俄国国籍的朝鲜移民便达32791人。

综上所述，20世纪初，在阿穆尔考察团的建议下，在阿穆尔沿岸辖区总督的推进以及世界大战的促动下，俄国摒弃了此前对朝鲜移民的遏制政策，积极吸收朝鲜移民入籍，以补充极度匮乏的兵力和劳动力队伍。至1917年，随着国内战略需求以及国际关系的演变，俄国对境内朝鲜移民的政策经历了由支持到遏制再到鼓励的嬗变。俄国对朝鲜移民政策的每一次调整，无不择机而动，以寻求国家利益的最大化。

第三节 俄国朝鲜移民的主要活动

一 俄国朝鲜移民的革命活动

在俄朝鲜移民的革命活动主要体现在三个方面：其一，朝鲜劳动者与俄国革命民众一起进行反沙皇专制和压迫的斗争；其二，积极参与远东地区建立和保卫苏维埃政权的斗争；其三，积极参与反抗日本武装干涉苏维埃政权的斗

---

① АВПРИ. Ф. Тихоокеанский стол. Оп. 487. Д. 770. Л. 198 – 256.
② РГИАДВ. Ф. 515. Оп. 2. Д. 85. Л. 23.

争，同时结合朝鲜民族反日殖民统治的斗争。

（一）远东朝鲜移民的反专制斗争

十月革命前，俄国远东朝鲜移民积极投入反专制斗争有两个先决条件。

其一，远东地区的朝鲜移民没有与广大俄国劳动者隔离开来，这无形中培养了他们的革命意识。当19世纪末全俄工人反资本主义斗争和罢工运动兴起之时，受压迫的无权的远东朝鲜劳动者与俄国无产阶级一起，积极参与到反剥削反压迫的革命事业当中。

其二，政治上的无权地位以及经济上的窘迫状况使大量远东朝鲜移民积极参与工人运动。朝鲜劳动者分布于远东各个经济领域，1903年，在阿穆尔沿岸辖区的工业企业中工作着2900名朝鲜工人，1906年达到10400人。[①] 采金业有4484名俄国人和5865名朝鲜人。[②] 滨海省的煤矿工业更为广泛地使用了朝鲜廉价劳动力，7139人中仅有1829名俄国劳动者，其余均是朝鲜移民。除此之外，朝鲜劳动者在城市和港口不计其数。

工业领域，朝鲜移民中的工人群体经常出现被歧视、被克扣工资现象，因此，他们时而与俄国工人一起争取权益，时而独立斗争。例如，在兹拉多乌斯多夫斯基（златоустовский）矿场，由于克扣工资现象严重，克扣率高达50%，导致大约500名俄国和朝鲜工人举行了罢工。[③] 罢工者在办公大楼前集会，但由于目标不明确，缺乏组织性，

[①] Россия. 1908, 2мая.

[②] Карпенко. Гражданская война в Дальневосточном крае. М., 1934. c. 14.

[③] Чернышева. В. Из истории революционного движения на Дальнем Востоке в 1905 – 1907гг. Хабаровск, 1955. c. 10.

集会在没有通过任何决定的情况下草草收场。3天后，集会又重新聚集，为了更好地领导罢工选出15名代表，并决定没收矿场的粮库。罢工最终被军事镇压，矿主向罢工者开枪，当场死亡12人，受伤6人；①1906年1月，朝鲜劳动者与俄国人一同参与纪念1905年1月9日事件爆发一周年活动。在工人示威者中有来自阿穆古尼斯克（Амугуньск）金矿超过200名的朝鲜移民，示威者中选出15名工人代表（其中包括2名朝鲜人）向该矿的主要管理者提出要求，其中包括：工人要求8小时工作制、统一劳动工资不随季节变化、支付病期工资、为住院的病人提供相应食品、要尊重地对待工人，等等。1906年2月13日结雅山区季姆普东（Тимптон）金矿公司的所有朝鲜移民举行了独立罢工并向公司提出要求：（1）给朝鲜人发放与俄国工人相等的食品；（2）废除对黄种人的种族歧视通告；（3）实行8小时工作制。最初矿场的领导层试图向部分人让步，以期从内部瓦解罢工工人，但尝试未果，随后便从布拉戈维申斯克调来军队进行镇压。此后，包括150名朝鲜工人在内的大量矿场工人决定离开，但他们再次遭到警察拦截和哥萨克的袭击。

在工人运动影响下，1905年底，远东地区农民斗争的次数明显增加。朝鲜农民的抵抗有不同形式：任意抢占土地、拒绝承担义务和缴税、擅自采伐木材、占有富农的私有财产，等等。例如，1906年11月，拉兹多里涅斯克村森林管理局官员强行收取农民租赁费用，以及官员缩减雇工和短工的工资，促使愤怒的佃农，其中大多是朝鲜农民举

---

① Чернышева. В. Из истории революционного движения на Дальнем Востоке в 1905－1907гг. Хабаровск，1955. стр. 10－11.

行了起义。朝鲜农民冲进官员的院子并烧毁了粮仓。但是,起义被警察残酷地镇压,起义者遭到警察长期追捕。①

在反专制斗争中,朝鲜移民的阶级意识有所提升,但总体而言,朝鲜工人与农民的运动并没有形成规模。究其原因:一方面这一时期朝鲜移民的阶级分化处于初始阶段,在语言、文化、日常生活和其他民族特性上的差别,影响了朝鲜移民与俄国工人阶级、俄国农民革命者的紧密结合;另一方面,朝鲜移民中的农民阶级尚未与无产阶级形成有效联合。确切地说,朝鲜移民中工业无产阶级尚未出现,朝鲜工人的力量分散在上百个小的矿场、渔场、伐木场,它们离城市或者它们之间相隔甚远,很难形成合力。因此,朝鲜移民的革命浪潮较为平静,具有分散性、无组织性和孤立性等特点。

(二) 远东苏维埃政权的建立与朝鲜移民

二月革命后,俄国出现了两个政权并存的局面,远东地区朝鲜移民的阶级分化导致其政治立场存在分歧。朝鲜移民中的富农阶级支持资产阶级临时政府,而朝鲜移民中占比重较大的劳动者选择苏维埃政权。十月革命后,苏维埃政权遭到外国武装和国内反革命势力的干涉,朝鲜革命者、劳动者将俄国革命与朝鲜民族解放运动视为命运共同体,积极参与保卫苏维埃政权的游击战争。

1. 十月革命与俄国远东朝鲜移民的政治认同

沙皇政权被推翻后,面对俄国复杂的政治形势,朝鲜移民内部出现了分歧,占人数比重较大的朝鲜劳动者选择支持苏维埃政权,并积极参与建立苏维埃政权的斗争。

---

① Из воспоминаний участника восстания//Новый мир. 1921. 23 мая.

（1）二月革命后俄国远东朝鲜移民的分歧

1917年3月3日（俄历2月18日），彼得格勒普梯洛夫工厂工人举行罢工引爆了二月革命。第二天，远东城市符拉迪沃斯托克便召开了工人和士兵苏维埃第一次代表大会，并向彼得格勒致电："符拉迪沃斯托克工人和士兵代表苏维埃，跨越1万俄里拉着自己亲爱的同志们热情的手——彼得格勒苏维埃。空间上虽然相距遥远，我们与你们一起为了更好的未来而斗争。"①

与此同时，符拉迪沃斯托克也召开了城市杜马大会，成立了临时政府。由此，俄远东地区亦形成了两个政权并存的局面，即资产阶级临时政府、工人和士兵代表苏维埃。面对两个不同性质的政权，俄国远东朝鲜移民内部由于阶级立场差异产生了严重分歧：其一，占朝鲜移民比重较大的劳动者群体选择支持苏维埃政权，并与俄国工人和农民一起参与了工人、士兵代表苏维埃的选举②。1917年3月29日，他们向克拉斯诺雅尔维特工人和士兵代表苏维埃致电，内容如下："当我们深刻感受到政变时，俄国不存在自由，生活在克拉斯诺雅尔维特城的朝鲜人赞成克拉斯诺雅尔维特工人和士兵代表苏维埃执行委员会卓有成效的工作，并热切期望它在巩固自由和创造新生活上做出成绩"③；其二，朝鲜移民中的上层——资产阶级、富农阶级反对将权力转交给苏维埃，极力支持临时政府，以求保全个人利益，继

---

① Ким сын хва. Очерки по истории советских корейцев. Наука. АЛМА-АТА1965. л81.
② ЦГАДВ, Ф. Р-769, оп. 1, д. 1, л. 20; д. 2, л. 12；ф. Р-622, оп. 1, д. 9, л. 68.
③ Известия Красноярского Совета рабочих и солдатских депутов. 1917, 29марта.

续保持剥削劳动者的权利。

1917年5月,两个阶层公开分裂。根据朝鲜移民中资产阶级的倡议,在尼古里斯克—乌苏里斯克召开了第一届全俄朝鲜人代表大会。与会代表成分复杂,不同阶层在大会上公开表明了政治立场:朝鲜移民中的革命者和劳动者决定与俄国人民一起积极参与苏维埃政权的建立,而朝鲜移民中的资产阶级、富农阶级公开站到了反革命一方。至此,随着俄国两个政权并立局面的出现,朝鲜移民内部分裂成两大对立阵营。

(2) 十月革命爆发与俄国远东朝鲜移民的选择

1917年十月革命胜利后,苏维埃政权最终确立,并向全国范围扩展,其中包括朝鲜移民生活的远东地区。1917年11月8日(俄历10月26日),当十月革命的消息传到符拉迪沃斯托克时,最先响应的是当地的俄国工人和士兵。工厂和机车装配车间的工人致电彼得格勒:"我们支持彼得格勒无产阶级和士兵决定性的革命步伐,我们认为,他们将政权转到工人、士兵和农民代表苏维埃是公正的,准备用我们拥有的一切资源给予支持,我们代表符拉迪沃斯托克苏维埃立即组织士兵和工人,直到最后的武装。"① 当地士兵亦纷纷表示:"我们,符拉迪沃斯托克的士兵,挥舞头盔向彼得格勒革命无产阶级问好,如果需要支持的话,只要一声呼唤,所有部队都会拿起武器。"②

随后,工人、士兵和水手的武装起义在布尔什维克领导下席卷了整个远东地区——包括符拉迪沃斯托克、哈巴

---

① Красное знамя. 1917 №96.
② Известия Владивостокского Совета. 1917, 29 августа.

第四章　从"遏制政策"到"鼓励政策"的嬗变（1910～1917）

罗夫斯克、尼古里斯克—乌苏里斯克等城市。远东的劳动者要求将所有政权转交给工人、农民和士兵代表苏维埃，并于1917年12月召开了第二届远东地区苏维埃代表大会。大会是在与孟什维克和社会革命党人激烈对抗的情形下进行的，最终大会宣布远东地区工人、士兵和农民是苏维埃的代表。由此，苏维埃政权——无产阶级专政在俄国远东地区最终确立。

十月革命的胜利直接引来了世界帝国主义的干涉。1917年12月，以美英法和日本为代表的帝国主义国家在巴黎召开会议，通过了关于组织武装力量干预苏俄的决定，并划分了各自的进攻范围。

日本是武装干涉远东的急先锋。1918年1月12日，日本派出巡洋舰"岩见号"进驻符拉迪沃斯托克港。1月17日，又派出"朝日号"巡洋舰。1918年4月5日，日本海军陆战队出兵符拉迪沃斯托克，至1918年11月，日军控制了俄国远东地区所有港口，以及西伯利亚铁路自赤塔以东的沿线城镇，并扶持沙俄将军格里戈里·米哈伊洛维奇·谢苗诺夫组成"外贝加尔地方临时政府"，在日军操纵下控制了从贝加尔湖到满洲里的广大地区。

在此背景下，1918年2月，在哈巴罗夫斯克召开了朝鲜移民革命者大会，与会代表内部分化较为严重，许多代表还没有摆脱资产阶级—民主主义思想观念，他们坚持让朝鲜解放运动者离开苏维埃俄国；而左翼代表认为，保证朝鲜独立的唯一道路，就是社会主义革命的胜利和与苏俄建立兄弟般的友谊。① 与会的左翼代表金东辉（Ким

---

① 십월혁명 십주년과 고려민족, 해삼, 1927, 해지46.

ДонХи)、金立（Ким Иб）、朴爱（Пак Ай）斯捷潘·刘（Степан Ю）、朴波（Пак Бон）、李韩恩（Ли Хан Ен）、瓦西里·吴（Василий Огай）等创建了"朝鲜社会主义者联盟"。该联盟在边区朝鲜移民和中国移民中进行了大量革命动员工作。联盟中的一位领导者说过："朝鲜人应该明白，朝鲜革命命运紧密地与俄国革命的命运联系在一起。只有与俄国工人阶级紧密联合才有在被压迫的朝鲜取得胜利的可能性。"①

1918年5月，第二届全俄朝鲜移民代表大会在尼古里斯克—乌苏里斯克召开。共有130余名代表参加，其中包括朝鲜社会主义者联盟代表。会议着重讨论了土地分配问题、朝鲜移民的法律地位以及政治立场等问题。朝鲜社会主义者联盟代表认为，只有依靠苏维埃政权，才能获得土地和合法地位。然而，仍然有一部分朝鲜移民是反苏维埃的资产阶级民主主义者，此外，还存在一些机会主义者选择在红军与白军之间观望。代表大会通过了如下决议：在满洲里和朝鲜与朝鲜游击队建立联系；将聚集在俄罗斯远东、苏城（游击队城的旧称）、塔班、伊曼、斯拉维扬卡、拉兹多利内等地区作战的所有朝鲜移民游击队支队，团结在统一指挥部下；加强在朝鲜劳动人民中的宣传鼓动工作，参与创办朝鲜语报纸、杂志和传单等。此后，朝鲜社会主义联盟积极参与赤卫队的建设，至1918年7月底，形成了第一支朝鲜移民赤卫队，共计100名士兵。代表大会决定派遣代表团赶赴莫斯科，朝鲜移民代表团出席了1919年12月召开的第七届全俄苏维埃代表大会。代表团在致代表大会的

---

① 심월혁명 십주년파 고려민족, 해삼, 1927, 해지47.

贺词中称:"穆斯林世界的代表说,苏维埃俄国和苏维埃莫斯科并不是他们新的麦加圣地。但是,对于朝鲜无产阶级和农民来说,苏俄是他们沙漠中的绿洲,能够让他们这些饥渴难耐的旅行者找到生的彼岸。"①

由上可见,朝鲜移民虽然在苏维埃政权的确立过程中,存在不同立场,但占朝鲜移民多数的革命者、劳动者选择支持苏维埃政权,并自愿加入苏维埃红军队伍,积极参与了抗击外国武装干涉和国内反革命的斗争。

2. 保卫苏维埃政权的斗争

在保卫苏维埃政权反对外国干涉军和白卫军时,远东地区的朝鲜移民存在严重分歧,富裕的朝鲜移民抗拒甚至阻碍革命运动。朝鲜移民中的劳动者大多自愿加入游击队伍,他们始终保持着坚定信念,即与苏俄居民同仇敌忾,一致对日,朝鲜方能获得解放。

在保卫苏维埃政权斗争中,朝鲜移民不顾日本武装干涉力量的报复行动,在组织、宣传、军事、后勤保障等方面采取有力行动。

远东地区游击行动的组织者是布尔什维克,其中最先觉醒的朝鲜移民,特别是朝鲜移民中的革命者、劳动者加入了俄共(布)组织行列。国内战争时期,在布尔什维克的影响和帮助下,朝鲜移民在苏俄远东地区建立了共产主义组织。1920年,俄共(布)中央委员会下属朝鲜分委会开始发挥作用。在俄共(布)中央委员会的院校中,有数十名朝鲜共产党人接受教育。1920年4月,阿穆尔省朝鲜

---

① «7-й Всероссийский съезд Советов рабочих, крестьянских, красноармейских и казачьих депутатов. Стенографический отчет». М., 1920. стр. 274.

移民共产党组织建立、1921年6月阿穆尔河沿岸辖区朝鲜移民共产党组织成立，整个远东地区共存在50余个朝鲜移民共产党支部。其中，有578名党员和1000余名预备党员，800余名朝鲜青年男女成为共青团员，随后迅速建立起了俄共中央委员会远东局朝鲜人分局。在共产国际分部中，朝鲜人分局负责招募俄境内朝鲜人、中国人加入游击队和远东共和国人民革命军分部，向其印制传单、出版报纸和杂志。

俄共（布）中央委员会远东局朝鲜人分局出版了《工人之路》报纸（中文版和朝语版）。俄共（布）阿穆尔省委员会朝鲜人分委会出版了报纸《新世界》（朝语版）和《共产主义之星》（中文版）。阿穆尔河沿岸辖区委员会朝鲜人分委会出版了中文版报纸《我们的声音》和朝语版报纸《大众之声》。此外，各朝鲜分委会还用中文和朝语印刷了传单、告民书和各种小册子。这些纸制品不仅在远东地区的朝鲜移民中传看，还扩散到在朝鲜国内的居民手中。①

与此同时，朝鲜移民在远东地区的游击战成为苏维埃人民整体抗战的组成部分。在保卫苏维埃政权的队伍里，共计约1.5万朝鲜游击队员，编成49个游击队，其中4个军团，附属于第五人民革命军。② 另外，远东地区活跃着几十支朝鲜移民组成的游击队。在阿穆尔前方指挥部登记处向远东共和国的报告中称，朝鲜移民为了对抗日本的统治，组织了36支游击队，共计3700人，另有250人在苏俄游击

---

① "Сборник статей, посвященных 40-летию Великой Октябрьской социалистической революции". Пхеньян, 1957. с. 26.
② ГАРФ ДВ. Ф. Р. 2422, оп. 1, д. 1499, л. 4；Белая книга о депортации корейского населения. Кн. 1. М. , 1992. С. 32 - 39.

队参战。①滨海省、阿穆尔省的所有朝鲜移民游击队几乎完全经历了国内战争的整个时期，他们依托从苏维埃远东地区的朝鲜移民中招募的人员坚持战斗。差不多每个朝鲜移民村镇都有游击队促进委员会，这些委员会为游击队收集食物、武器和服装。例如，1922年底，苏城地区和什科托夫地区的朝鲜移民为游击队收集了300普特小米。② 1922年底，绥芬地区西杜高村游击队促进委员会收集了50普特米面、700套棉衣、200支步枪和大量药品。1919～1920年，绥芬、苏城和波谢特地区的朝鲜移民为游击队提供了2200支步枪、1078支梭镖、3000多套各式服装。当然，这一数字并不十分精确，或有疏漏。当男性到前方参加游击战争时，后方的家人积极从事后勤保障工作，例如缝制衣服、筹备粮食、治疗伤员等。

朝鲜移民游击队的革命举动引起了外国干涉军和白卫军的憎恨，特别是日本侵略者，他们疯狂镇压每一名疑似支持苏维埃政权的朝鲜移民，摧毁符拉迪沃斯托克朝鲜移民聚集区。日本侵略者在此杀害了几十人、烧毁学校、破坏朝鲜语报纸编辑部、进行大规模拘捕，共抓捕朝鲜移民约500人。③ 符拉迪沃斯托克的朝鲜移民面临亡种灭族的威胁。一位见证者这样讲述日本侵略者的暴行："朝鲜村庄……经历着令人震惊的抢劫和暴力。凶狠的日匪兵将可怜的朝鲜人驱赶出村庄，用枪托毒打他们，使得符拉迪沃斯托克的大街小巷充满了呻吟与哀号，他们被打得半死，

---

① ЦГАДВ, ф. Р-1006, оп. 2, д. 41, л. 397; ф. Р-562, оп. 1, д. 2901.
② Бабичев. И. Участие китайских и корейских трудящихся в гражданской войне на Дальнем Востоке. Ташкент, 1959., с. 52—53.
③ Тихий океан. 1935 № 2-4, стр. 150.

穿着破破烂烂沾满鲜血的长袍……他们被日本人押解着走。地下室、地窖、监狱人满为患。很难说，这些天有多少朝鲜同胞死于那些刽子手之手。"①

（三）俄国朝鲜移民的反日民族斗争

迁移至俄国远东地区的朝鲜人，时刻关注国内局势，当朝鲜沦为日本殖民地后，俄国的朝鲜移民纷纷采取行动，予以支援。不仅大力宣传民族独立思想、创立朝鲜民族组织，还组织武装力量，积极配合国内的反日民族斗争。

1. 朝鲜被吞并后，俄国朝鲜移民的反应

1904~1905年日俄战争之后，日本侵略者在美国和英国的支持下开始实施奴役朝鲜的政策。1905年11月17日，日本占领者强迫朝鲜政府签订关于确立对朝鲜实行"保护"制度的条约，直至1910年《日韩合并条约》签订，朝鲜一步步沦为日本的殖民地。日本帝国主义的占领引起了身居俄国的朝鲜移民的强烈反对。

经过1905年革命，俄国朝鲜移民的民族意识得到加强。远东地区革命思想出现较早的地区是符拉迪沃斯托克，那里生活的朝鲜移民超过5000人②，其中，既有政治移民，又有大量工人（主要在贸易港口和铁路）。对此，外交部代表格拉文写道："村庄——这是一个中心，在他周边聚集了大量朝鲜人，他们对朝鲜现行制度不满，那些政治移民都是在自己国家受到生命威胁的人，这里生活的都是一些富裕的、教育程度较高的朝鲜人（俄国国籍）。而无法计数的

---

① ЦГАДВ, ф. 2621, оп. 1, д. 7, л. 85.
② ЦГАДВ, Ф. 1860, оп. 1, д. 1, л. 4.

第四章 从"遏制政策"到"鼓励政策"的嬗变(1910~1917)

朝鲜苦力集中在城市和港口充当劳动力。"① 日本吞并朝鲜的消息传出后,激起了俄国远东地区朝鲜移民的愤怒,并以俄国滨海省为根据地,积极开展反日民族抵抗运动。

首先,在符拉迪沃斯托克,朝鲜移民代表在俄国社会民主党的领导下研究革命理论,宣传民族独立和民主思想,创立朝鲜民族组织。为宣传民族独立思想,在符拉迪沃斯托克出版了报纸《韩中日报》(《Хэ Чжо Ильбо》)和《大同国报》("Тэдон Конгбо")。在《韩中日报》工作的有丁俊焕(Тэ Дзя Кван)、韩贤勋(Хан Хен Квон)、李代书(Ли Тен Хо)等。② 1910年8月,在符拉迪沃斯托克发行的朝鲜人报纸《大同新报》③ 上,刊登了一份俄国朝鲜移民对世界各地朝鲜同胞发出的倡议:"不要相信日本人所谓的优待和对我们的关心。将来他们对待我们就会像对待奴隶和牲畜一样,……朝鲜现在的状况,对朝鲜人而言是悲惨的,对日本人而言是欣喜的,因此,要让日本人难过,让朝鲜好起来只能用赤裸裸的军刀和流血,……如果我们不向日本寻仇,放下双手,我们将变成日本人无角的公牛和摇尾狗。"④

日本吞并朝鲜不久,反日运动活动家在符拉迪沃斯托克成立了政治团体"神庙会",并向生活在俄国的朝鲜移民发起倡议,呼吁所有朝鲜人为了祖国的独立而斗争。根据

---

① Труды Амурской экспудиции, вып. XI, 1912, стр. 183-184.
② ЦГАДВ, ф. 1. оп. 2, д. 1852, лл. 44-46.
③ 在1910年7月底名字是《大同国报》,由符拉迪沃斯托克东方学院毕业的退伍上尉丘科夫创办。
④ Доклад отдельного цензора по иностранной цензуре Занаовского военному губерноатору Приморской области Свечину от 14(27) августа1910г. -РГИА ДВ. Фонд1. Опись11. Дело73. Лист96.

该倡议，在朝鲜举行了大型会议，与会者做出了在朝鲜开展反对日本殖民统治斗争的决定。他们向奥匈帝国、英国、德国、荷兰、意大利、中国、俄国和美国政府发出由2324人签字的反对日本殖民统治的抗议书。抗议书写道："我们朝鲜人，应该全力履行自己的义务，并为同日本做斗争积累所有力量和资金，同时，我们对日本殖民朝鲜提出抗议。除此之外，我们决定在世界上保留朝鲜国家的名称，而朝鲜人——用他们自己的国民身份。无论任务有多艰巨，我们都要为反抗日本而进行武力斗争直至获得独立……朝鲜人，无论发生什么，都做好了为获得自由而随时牺牲的准备。"① 与此同时，该团体向生活在俄国的朝鲜人发起倡议，呼吁所有朝鲜人为了祖国的独立而斗争。倡议如下："会议决定，通过电报将我们的意见向各国宣告，断然否认吞并，通过报纸向全世界揭示日本侵略者非法罪恶的侵占。让我们团结起来！时刻准备为此牺牲！不应忘记朝鲜民族的责任，让我们一起表达自己的忠诚、愤怒和热情的心！我们发誓，第一，任何时候，我们都要向全世界宣布自己是朝鲜的国民；第二，誓死绝不拿日本护照。"②

其次，在进步思想的影响下，俄国境内朝鲜移民的民族解放运动有所发展，朝鲜移民代表转入反对日本统治的游击战争中。

1905年，日本通过日俄战争，确立了对朝鲜的独霸地位，并通过《乙巳保护条约》变朝鲜为"保护国"。这一行

---

① Protetation du Comitte National Coreen. -АВПРИ. Фонд 《Японский стол》. Дело210. Лист141.
② Сонмёнхве чхуюджисо. 8-й месяц 4-го года. -РГИА ДВ. Фонд1. Опись 11. Дело73. Листы 178－179.

第四章 从"遏制政策"到"鼓励政策"的嬗变（1910~1917） | 155

径激起了朝鲜人民的强烈反抗，各地纷纷组建义兵队①，以更大的规模，在更广阔的地区展开抗争。这些队伍的主要作战力量由朝鲜劳动者组成——农民、雇农和俄国远东地区的工人。那些备受日本政权迫害逃至境外的朝鲜政治移民积极投身到斗争中。例如，1906年，在波谢特地区形成了俄国第一支义兵队，指挥者为崔在衡（П. С. Цой）。10岁时，崔在衡随父母迁至波谢特，在俄国学校接受教育。在第一次俄国革命的影响下，崔在衡积极参与解放自己祖国的斗争，并在日俄战争中参加了俄国一方作战。战争结束后，在波谢特地区加入义兵组织，并完成了对日本军队的袭击。1918~1920年，在远东地区亦积极参加反对日本武装干涉的斗争。②

义兵运动迅速突破波谢特，遍及全部南乌苏里边区。当地居民为游击队自愿筹钱、赠送衣服、筹集粮食。1907年，在苏城县朝鲜人筹集了7000卢布现金和260支火枪。1907年6月，边区委员斯米尔诺夫给滨海省军事总督写道："现在朝鲜游击队主要集中在符拉迪沃斯托克、苏城和绥芬地区。"③ 1907年6~7月，无论是在朝鲜的义兵队，还是俄国组建的义兵队，均开展了积极的武装斗争。在庆山（Кенсен）、明川（Менчен）、咸兴（Кенхын）等地消灭了大量日本驻军。斯米尔诺夫在另一份报告中提道："6月末，有100人左右的游击队从俄国领土经中国边界地区进入朝鲜；另一队人数相近，乘坐平底船从苏城出发，在图们江

---

① 义兵，"正义之军"，即朝鲜反日游击队。"义兵"这一词最早出现在1592~1598年朝鲜人民反对日本侵略的解放斗争中。
② Кюнер. Н. В. Указ. соч., с. 246.
③ ЦГАДВ, ф. 1, оп. 3, д. 1160, лл. 206, 225.

三角洲朝鲜一岸下船。这些队伍联合起来,一路攻击日本驻防部队和咸兴(Кенхын)市周边的小部队,几乎没有伤亡。"① 1907 年下半年,作战区域迅速扩展,覆盖了朝鲜的中心部分——京畿道(Кенгидо)、江原道(Канвондо)和黄海道(Хванхэдо)。1908 年,运动进一步发展,一些大的游击队被派到朝鲜北部。在此期间发生有记录的大型军事冲突 1451 次。参加的游击队员达 69840 人。② 根据南乌苏里边区波谢特地区的信息,截至 1908 年 4 月,从俄国领土进入朝鲜的游击队员大约 1000 人。1908 年 6 月 19~21 日,又有由 200 名俄国朝鲜移民组成的游击队进入朝鲜。边界哨卡长官写道:"6 月 23 日夜晚,从山下(Подгорное)村进入朝鲜境内的有 96 名游击队员(俄国的朝鲜移民组成)。越过边界时,他们袭击了日本哨卡。7 月 21 日夜,在距离俄国边界 5~7 俄里的海边,游击队进攻并摧毁了日本哨卡,打死日本士兵 23 名。9 月,由 500 人组成的游击队,在明川(Менчена)河流域与日本军队作战,打赢了两场战役,侵略者损失了 60 名士兵和军官。"③

1905 年,在与俄国毗邻的中国领土,主要在朝鲜人村——珲春,也形成了义兵队。中国居民积极支持游击队,并筹集了大量资金以购买武器。由此,民族解放运动在朝鲜本土、俄国以及中国的朝鲜民众之间展开。特别是 1910 年 8 月 22 日,朝鲜被日本吞并后,朝鲜首都和其他省份频繁出现"义兵"队的战斗演说和对日本侵略者的武装斗

---

① ЦГАДВ, ф. 1, оп. 3, д. 1160, лл. 42, 105.
② История Корея(на корейском языке). Пхеньян, 1958, стр. 160.
③ ЦГАДВ, ф. 1, оп. 3, д. 1160, лл. 11, 111.

争,"义兵"队迅速壮大,发展到17200人,其活动分布于"间岛"、朝鲜南部等不同地区。① 正如1910年9月俄国报纸《乌苏里边区》所载:"当欧洲强国同意对朝鲜的吞并,朝鲜政府自身屈服时,朝鲜成为日本的一个省,从而失去独立性,朝鲜人民对此反应强烈,他们非常愤怒并进行武装起义。正如当地记者所言,在朝鲜某些东西是无法形容的。日本政府组织围剿,在城市和乡村非常猖獗地逮捕和处决反日分子。事实上,这只会让反日队伍越来越壮大。朝鲜人发誓,要摆脱日本的奴役,使祖国恢复自由和独立。"②

尽管朝鲜义兵队活动频繁,战绩显著,但由于缺乏武器和粮食,以及日本大力镇压,在俄国境内建立的游击队不得不离开北部朝鲜,一部分进入中国,另一部分回到俄国滨海省,那里逐渐成为俄国朝鲜移民民族运动的主要根据地。

2. 日本对俄国朝鲜移民反抗运动的态度

为了应对朝鲜移民的反日运动,日本政府采取了如下应对措施。

其一,拨出巨额资金以补充警察和宪兵队伍,镇压朝鲜人民的武装斗争,同时防范俄国的朝鲜民族运动者。1911年,日本在朝鲜消耗的军事费用总额达到2854万日元,宪兵数量达到7749人,警察6000人。1911年10月,在与"义兵"的斗争中,日本派出16个步兵连,2个骑兵中队,

---

① Восточная заря. 1910, 18 сентября.
② Уссурийская окраина. 1910, 16 декабря.

另有宪兵和警察。① 此外，为避免境外反日力量的攻击，日本政府开始加强边境警戒。索莫夫补充道："几乎将朝鲜国内的全部驻军都派到图们江以北。日本政府几乎不给朝鲜人发放到符拉迪沃斯托克的证件，所有从俄国或境外回国的朝鲜人，都将受到最严密的监控。"② 日本当局关闭了俄朝边境，停止了边界的贸易往来。

其二，通过收买和提供各种优待等手段，拉拢俄国滨海省的朝鲜移民。符拉迪沃斯托克的日本领事在尽全力讨好朝鲜移民的同时，亦会积极推荐朝鲜移民加入日本贸易公司。日本拨款5万日元用来"帮助"俄国贫穷的朝鲜人，"援助"朝鲜人学校。符拉迪沃斯托克的日本慈善社承诺帮助朝鲜人获得俄国国籍。③

其三，日本外交官、军方和情报机构采取威胁和挑衅等手段，要挟俄国的朝鲜商人。按照东京下达的指示，驻符拉迪沃斯托克总领事，向符拉迪沃斯托克和尼古里斯克—乌苏里斯克富裕的朝鲜商人转达，如果在俄国的朝鲜人积极参与反日斗争，他们在朝鲜的亲属都会受到惩罚。④ 在日本人威胁下，许多俄国的朝鲜商人走上了背叛革命之路。

---

① Шабшина Ф. И. Борьба корейского народа против установления японского колониального господства (1906 – 1911). -Краткие сообщения института востоковедения. 1952, выпуск2. С. 45.
② Копия донесения Сомова Малевскому-Малевичу. Сеул, 10сентября1910г. -АВПРИ. Фонд 《Японский стол》Дело20. Листы 142 – 143.
③ Сводка наблюдений за японскими шпионами за май-октябрь1910г. -РГИА ДВ. Фонд702. Опись6. Дело 163. Лист55.
④ Рапорт начальника жандармско-полицейского управления Уссурийской железной дороги Щербакова военному губернатору Приморской области Свечину. Владивосток, 7октября1910г. -РГИА ДВ. Фонд1. Опись 10. Дело327. Листы 57 – 58.

其四，日本政府与俄国政府进行外交谈判，迫使俄国政府出面镇压境内朝鲜移民的反日运动。1910年8月25日，日本驻俄大使向俄国外交部提出："由于朝鲜并入日本，在俄国境内特别是在阿穆尔沿岸辖区生活的朝鲜人中有出现骚乱的可能，因此，大使请求俄国政府采取相应的措施以保护俄国境内日本人的安全，特别是在骚乱发生时保护他们的财产和生命安全。"① 日本可谓极尽所能，全力遏制俄国朝鲜移民的反日斗争。

3. 俄国政府对境内朝鲜移民反日斗争的立场

俄国政府对待境内参与反日斗争的朝鲜移民的立场呈现了矛盾性：一方面，为避免与日本关系日趋复杂化，沙皇政权明确表态，反对远东地区朝鲜移民的反日斗争，甚至驱逐朝鲜民族革命者。1909年12月5日，阿穆尔沿岸辖区总督下令将15名革命者逐回朝鲜，其中包括金仁春（Ким Уон Джу）、全波汉（Чжен Бон Хен）和朴根焕（Пак Кын Хон），并将其交由日本当局处置。② 1910年8月17日，滨海省军事总督斯维齐向阿穆尔沿岸辖区总督翁特尔别格汇报，李博元（Ли Бом Юн）和他的同志们的进一步活动可能引起国际变化，应该阻止朝鲜人公开进行反日宣传。翁特尔别格同意将李博元和其他7名反日运动的领袖驱逐出境，直至1911年5月，才可返回符拉迪沃斯托克。③ 对此，日本当局表示认同并认为："俄国当局应

---

① Письмо военного губернатора Приморской области Свечина П. Г. Курловуот 12августа1910г. -АВПРИ. Фонд《Японский стол》. Дело210. Листы148.
② ЦГАДВ, ф.1, оп.11, д.73, лл.78, 208.
③ ЦГАДВ, ф.1, оп.11, д.73, лл.31, 78.

该帮助日本监察生活在俄国远东地区的朝鲜人。"① 另一方面，俄国希望利用朝鲜人的反日爱国情绪，遏制日本在东北亚势力的扩张。这种政策的矛盾性可以通过以下两个例子体现。

其一，在日本政府压力下，俄国政府决定对境内朝鲜移民的反日运动进行干涉。俄国政府认为，尽管保护日本在朝鲜的利益不是他们的义务，但是，让朝鲜革命者继续活动在很大程度上是不可行的，这可能会引起国际关系的复杂化。因此，内务部下令："禁止我国境内的朝鲜人对境内的日本人有任何财产和生命的威胁和攻击。"② 在这一命令的指示下，1910年8月30日，符拉迪沃斯托克警察逮捕了42名游击运动的积极参与者。

但在该问题的处理上，地方当局并没有按日本的要求将被捕者交给日本当局处理，而是表现得较为灵活。1910年10月24日，滨海省军事总督斯维齐在给伊尔库茨克总督格拉尼的信中曾请求，不要把反日运动革命者当成一般的犯罪者看待，而是要尽量把他们安排到伊尔库茨克省。斯维齐写道："由于朝鲜被日本吞并，李博元成为反日运动的领袖，因此，有必要让这个人远离与朝鲜接壤的有相当数量朝鲜人居住的边境地区。这样可以防止我国反日运动的发展，避免与这个'友好国家'关系的复杂化。事实上，李博元是一个可贵的爱国者，但他的行为会为与朝鲜边界

---

① 《Осака Майнити Симбун》（на японском языке），1907，13 ноября.
② Рапорт военного губернатора Приморской области Свечина Приамурскому генерал-губернатору Гондатти. Владивосток，17 августа 1910г. -РГИА ДВ. Фонд1. Опись11. Дело73. Лист78.

第四章　从"遏制政策"到"鼓励政策"的嬗变（1910～1917）| 161

省份毗邻的地区带来危险因素，我也这样看待他的同伴。"①最终，反日运动领袖李博元及同伴在伊尔库茨克省被流放了7个月。1911年5月，斯维齐向阿穆尔沿岸辖区总督果达基提出了自己的想法："在与朝鲜边界毗邻的滨海省有众多朝鲜移民，其中包括许多杰出的朝鲜爱国者。这对于日本统治朝鲜而言是非常不合心意的因素。可以想象，日本人将使出浑身解数来消灭他们，包括告密、伪造带有印章的倡议书、直接下达死刑宣判书等。日本吞并朝鲜后，经常采取这种幕后游戏和阴险手段，正如上所言，日本要求把来自朝鲜的这些充满仇恨的人从滨海省清除出去。这些精心的图谋获得了良好的效果。"②因此，他认为，应将李博元和他的同伴看作"日本阴谋的受害者和俄国政府忠诚的支持者"。据此，1911年5月8日，果达基下令立即将流放的朝鲜爱国者从伊尔库茨克召回，并允许其返回符拉迪沃斯托克③。

其二，1911年日本当局着手利用俄国之手迫害反日斗争领袖人物崔在衡。日本当局声称："这个人与日本关系紧密，十分有害。崔在衡在他生活的地方曾备受凌辱，偷渡到俄国后，开始报复自己的同胞和国家，他是朝鲜人民的

---

① Письмо военного губернатора Приморской области губернатору Иркутской губернии Граню. Владивосток, 24 октября1910г. -РГИА ДВ. Фонд1. Опись 11. Дело73. Лист108.
② Рапорт военного губернатора Приморской области генерал-губернатору Приамурского края. Владивосток, 8мая1911г. -Там же. Лист4.
③ 符拉迪沃斯托克（海参崴）是俄国朝鲜人的主要聚居区。这里的居民绝大多数是非俄国国籍的朝鲜人，一部分来此务工，另一部分为了逃避日本当局的迫害或者不堪忍受国家沦丧的屈辱从朝鲜迁移而来。在这里定居的许多朝鲜移民，均有一定的文化素养，并极力反对日本在朝鲜的殖民统治。符拉迪沃斯托克成为朝鲜人反日民族运动的海外聚集地之一。

败类。日俄战争结束后,崔在衡在东京生活了半年,并在此期间秘密与日本当局进行谈判。当他回到祖国后,对贫穷而又备受压迫的朝鲜人表示同情,并努力成为新兴游击运动的首领,很快获得成功。根据上述理由,请求将其驱逐出俄国。"①

但是,经调查俄国地方当局发现,崔在衡实际上是生活在俄国的反日斗争的斗士,便决定将其留在俄国,以利用其达到反日目的。乌苏里铁路管理局宪兵和警察局长谢尔巴科夫十分了解朝鲜爱国者的反日情绪,向斯维齐汇报:"朝鲜移民崔在衡,我很了解,他是一个真正的爱国者,并毫无条件地忠诚于俄国。现在,日本想要在俄国政府面前诋毁他的目的十分清楚。去年,日本人成功了,通过那种手段,对李博元等8名反日运动者迫害成功,将他们逐往伊尔库茨克,……在俄国当局和朝鲜人面前损害他们的名誉——这是日本人的惯用伎俩。现在,他们想要做同样的事情,也就是说,利用俄国之手消灭自己的仇敌,他们中的崔在衡对日本而言是最重要的,因为他有资金和自己的游击队,活动进行得非常隐蔽,但俄国政府不能提供任何逮捕他的证据。日本人试图收买他,但都无济于事。"②

1911年5月19日,为了平复日本政府的不满情绪,俄国政府与日本达成了《日俄相互引渡罪犯条约》。③据此,双方承诺一旦在自己的土地上发现非法入境者,定会将其

---

① РГИА ДВ. Фонд1. Опись11. Дело206. Лист1.
② Рапорт жандатмско-полицейского управления Уссуриийской железной дороги. Владивосток, 15марта1911г. РГИА ДВ. Фонд1. Опись11. Дело206. Лист4.
③ Текст договора См. Известия Министерства иностранных дел. 1912. Кн. 2. С. 12 – 17.

引渡回国。该条约附带的秘密声明规定，俄国和日本双方要与境内反政府的政治组织进行斗争，即"不允许在自己的领土上有针对缔约国另一方政府和行政机关的任何阴谋和鼓动"。①某种程度上，《日俄相互引渡罪犯条约》"给了日本与朝鲜叛乱分子做斗争的工具"。②根据秘密声明，加入俄国国籍的朝鲜人，由于从事反日活动，应该被俄国当局发配到西伯利亚等远离边界的地区，而没有加入俄国国籍的朝鲜人，应该视作非法入境者加以驱逐。但事实上，条约签订后，俄国没有向日本引渡任何一名参加反日运动的朝鲜爱国者。通常，俄国当局在滨海省逮捕他们后，将其发配到东西伯利亚，并非交给日本人。

事实上，俄国政策的摇摆性，致使境内朝鲜移民的民族解放运动无法正常进行，被迫转入地下。这一时期，出现了各种地下和半地下组织，例如，"库克明会"（Кукмин-хве）③。他把唤醒游击队员的自觉意识确立为自己的目标，主张促进独立的重建，以及文化和人民教育的繁荣。社团活动唤醒了人民的自觉意识，提高了民众反奴役的觉悟。1910年，在苏城、波谢特和尼古里斯克—乌苏里斯克等地均出现了"库克明会"分部。

此外，由于形势所迫，李博元、李东辉（Ли Дон Хи）、李春（Ли Чжун）与其他游击队领袖人物都逐渐转移到中国东北境内，在那里积极参与当地的朝鲜民族主义运动。

---

① Письмоминистра иностранных дел Сазонова министру внутренних дел Барку от 17марта1916г. -РГИА. Фонд323. Опись1. Дело779. Лист36.
② Григорцевич С. С. Дальневосточная политика миериалистических держав в 1906 – 1917гг. Томск, 1965. С. 254 – 255.
③ ЦГАДВ, Ф.1, оп.2, д.60, л.2.

李东辉和李春在中国东北创建了军官学校,成为争取独立的斗士①,十月革命后,他们带领军队又重新转移到俄国境内继续战斗。

二 俄国朝鲜移民的经济活动

朝鲜移民活跃在俄国经济的各个领域,主要从事农业生产,特别是水稻种植,同时还在采矿业、铁路建设等各个经济部门充当劳动力。

(一) 农业

封建社会时期,朝鲜人主要从事农业生产,即便到了19世纪中叶仍然如此。正如格拉文所言:"朝鲜人——农民出身——他们努力地劳作,这已经融入了朝鲜人的血脉,甚至当他们来到一个地方,当地的作物看上去完全无法收成,仍然可以成功地开垦土地,并且种上燕麦和小米。被岩石、高山、陡坡等侵蚀的土地,朝鲜人也可以通过自己的努力和劳动,将其种上作物……"② 朝鲜农民迁入俄国之初,便将自己从祖国带来的种子播种在俄国的土地上,小米、水稻和豆类都是由朝鲜人最早在俄国远东地区种植的。

以水稻为例。水稻是朝鲜人耕种比较广泛的农作物,也是朝鲜人生活的象征,因为水稻从远古时代就伴随着朝鲜人,无论是远东的原始森林,抑或是中亚的干旱地带。19世纪70年代末,南乌苏里边区第一次种植水稻失败以后,朝鲜农民不断进行尝试。1907年,扬齐河村住户将1/4俄

---

① Очерки по истории освободительной борьбы корейского народа. М., 1953. с. 220.
② Граве В. В. Китайцы, корейцы и японцы в Приамурье. Спб., 1912. С. 156.

亩的土地耕种了水稻，最终大获成功。1908年，扬齐河流域种植水稻的面积就扩大到40俄亩。随后，水稻种植扩散到苏城、尼古里斯克—乌苏里斯克和斯帕斯克县。1917年，在尼里古斯克—乌苏里斯克、苏城、波谢特和斯帕斯克县种植水稻的面积达到了1600俄亩。种植水稻的产量每亩可达200~300普特。应该指出，俄国滨海省朝鲜人比那些逃亡到中国延边地区的朝鲜人种植水稻的时间还要早。俄国滨海省是水稻作物种植最北部地区，由于朝鲜移民辛勤的劳动而使水稻得以成功耕种。

此外，小米、黍、玉米、豌豆、大豆、小扁豆等农作物也被朝鲜人带到了俄国。朝鲜人来到俄国后，为了满足当地俄国居民和边防军队的需要，朝鲜人开始种植小麦、大麦和燕麦，同样获得了较好的收成。1891年，在布拉戈斯洛维诺耶村收获的燕麦达到每俄亩120普特，而哥萨克生活的地方仅仅有30~40普特。[①] 朝鲜移民的经济活动使俄国远东地区的农作物品种变得更为多样，根本上改变了边区土地植被的面貌。

朝鲜移民不仅种植农作物，还种植一些蔬菜。符拉迪沃斯托克、哈巴罗夫斯克、布拉戈维申斯克、尼古里斯克—乌苏里斯克等大城市附近，建立了专门的朝鲜蔬菜农场。1910年，朝鲜移民用于种植蔬菜的土地可达15415俄亩。

养蚕在朝鲜也有着悠久的历史。养蚕和丝绸制作在朝鲜非常普遍，朝鲜人亦将此技能保留至今。从1900年起，俄国的朝鲜移民伊万·伊奥西法维奇·安在西涅尔尼科沃

---

① Хозяйство у корейцев в Уссурийском крае. -Сведения о Сибири. -С. -Петербург, 1895. С. 39.

村开始种植桑树并养蚕。1916 年，在尼古里斯克—乌苏里斯克成立了俄国皇家地理学会南乌苏里分部，分部的工作人员认真发展桑蚕业，将伊万·伊奥西法维奇·安的经验作为典型加以推广。

俄国远东地区朝鲜移民另外一个重要的经济活动便是捕鱼。1904 年，在大彼得湾和波谢特捕捞海参和海白菜的朝鲜渔民达到 3000 人。但总体而言，十月革命前俄国的捕鱼业十分落后，甚至完全是季节性的。特别是 1905 年，沙皇政府将捕鱼场对外籍人员关闭，这使滨海省从事捕捞鱼和海产品工作的几乎都是俄籍朝鲜移民，至 1910 年，远东地区渔业部门使用的朝鲜劳动力人数已有 900 余人。

（二）采矿业

来俄的朝鲜劳动力，除主要从事农业生产外，还受雇于哈巴罗夫斯克、乌第县、阿穆尔省的金矿。

朝鲜移民在 1891 年下半年首先出现在上阿穆尔的奇林金斯克矿场（Джилиндинск）。1891～1892 年，阿穆尔省朝鲜矿工共计 470 人，1892～1893 年有 1050 人。[①] 1900 年，仅阿穆尔省和滨海省的总矿数为 229 个，而中国和朝鲜劳动力开采了其中的 161 个矿区，黄金开采达 306 普特，而总量只有 661 普特[②]，占总开采量的一半左右。朝鲜淘金者完全没有劳动合同，主要取决于矿主的意愿，而且雇用朝鲜劳动力往往很廉价，这让边区雇主有利可图。例如，1911 年，

[①] Граве В. В. Китаций, корейцы и японцы в Приамурье. Спб., 1912. С. 145.
[②] Отчет по статистико-экономическому и техническому исследованию золото-промышленности Амурско-Приморского района. Том Ⅱ. Амурская область. чкасть1-я. Л. Л. Тобе, горн. инж. и Д. Иванов, агроном. С. -Перетбург, 1905. С. 366－367.

滨海省朝鲜劳动者每天收入70戈比,最高1卢布,而俄国劳动者的日收入可达到1卢布60戈比。因此,大多数矿主更愿意使用廉价的朝鲜劳动力。他们生产的黄金,首先由俄国金矿管理局收走一部分,再由矿主抽走大部分,剩下的留在淘金工人手中。随着黄金开采量不断增加,俄国矿主逐渐对朝鲜移民产生警惕,甚至怀疑朝鲜移民偷盗黄金,许多金矿开始限制使用朝鲜移民。

1893年5月,采矿工程师奥拉斯路过该地区时发现,在奇林金斯克矿上有一半工人是中国人和朝鲜人。于是,1894年2月24日,阿穆尔省军事总督向东西伯利亚总督提出了"关于在金矿拒绝使用朝鲜人"的报告。其中提出:"在金矿上完全不雇用中国和朝鲜劳动力是有益的,这可以避免黄金失窃等一系列问题,……可以根据特殊情况,雇用中国人和朝鲜人大约在劳动力总数的1/4或1/3,尽量不要超过1/2。允许已经在矿上工作,并从事冬季工作的朝鲜人暂时留下,在小兴凯允许雇用朝鲜人,可不限制他们的数量。"① 该报告获得批准后,金矿上朝鲜移民的数量急剧下降,1906年,阿穆尔沿岸辖区金矿上的朝鲜移民有5865人,而1910年仅剩150人。

1911年3月,边区行政官员发生变化,即果达基走马上任。他主张安置朝鲜移民、解决朝鲜移民法律地位,并重新允许朝鲜移民进入矿区工作。1913年,矿区全部工人数量是32822人,而中国人22020人,朝鲜人4088人,俄

---

① Отчет по статистико-экономическому и техническому исследованию золото-промышленности Амурско-Приморского района. Том Ⅱ. Амурская область. чкасть1-я. Л. Л. Тобе, горн. инж. и Д. Иванов, агроном. С.-Перетбург, 1905. C. 359.

国人6678人。① 可以看出，黄种人中包括朝鲜人，成为西伯利亚和远东地区金矿的主要劳动力。随着一战的爆发，俄国劳动力短缺问题日益凸显。为加速开采黄金以满足战争需求，俄国暂时抛开种族偏见，在矿区重新大量使用朝鲜劳动力。1914年，仅滨海省，采矿区的朝鲜移民便有1730人，1915年已经达到2117人。1915年前，阿穆尔沿岸辖区工业企业朝鲜劳动力的数量恢复到1906年的水平，人数上升至10775人。除了大矿区的企业工人，哈巴罗夫斯克、符拉迪沃斯托克和尼古里斯克—乌苏里斯克、尼古拉耶夫斯克等地，仍有大量朝鲜劳动力充斥于各行各业。

三 俄国朝鲜移民的文化教育和宗教信仰

为加强控制，加大同化力度，俄国政府较为重视对朝鲜移民的文化教育工作。虽然帝俄时期的整体教育水平有限，但在俄式教育的影响下，朝鲜移民的文化素养和民族意识均得到了一定提升，更为其加速融入俄国社会创造了条件。

（一）俄国朝鲜移民的文化教育状况

十月革命前，俄国的朝鲜移民，特别是农民的公共教育较为落后，因为沙皇政府对教育发展的关注非常有限。据统计，1892年至1907年，政府消耗在远东地区的费用为7.5亿卢布，其中78.4%用于军事活动，而用于公共教育的费用仅占总额的0.7%。因此，革命前俄国居民整体受教育程度较低——城市居民中受教育人数约占38.7%，而乡村居民中受教育的人数约占19.1%。有文化的朝鲜移民更少，

---

① Нам С. Г. Российские корейцы история и культура（1860 – 1925гг.）. Москва. 1998. С. 34.

仅占10%（年龄为9岁及以上）。① 截至1904年，朝鲜移民居住区共有10所学校，其中6所学校在波谢特区，4所在绥芬区，而有较多朝鲜移民居住的苏城区没有一所学校。② 关于朝鲜移民学校的状况，可以在波谢特区调研的官员报告中了解："可怜的朝鲜劳动人民，他们只能自己想办法开设所需数量的学校，并适当地对其进行装备。朝鲜学校大多数设立在不适于学习的建筑物和农家小屋中，没有最必要的教学设备和教材，最主要是没有好老师。"③

自1884年俄国与朝鲜政府达成协议后，大量朝鲜移民加入俄国国籍，为加速其基督教化和俄国化进程，沙皇政府在朝鲜移民村庄建设修道院和教堂，对加入俄国国籍的朝鲜移民进行强制性洗礼、开办教会学校，等等。正如杜霍夫斯基总督所言："没有任何理由让独立居住在我国境内的外来人，及与我们有异的中国人和朝鲜人获得某种巩固其地位的机会。"④ 随着俄国政府对朝鲜移民同化政策的实施，以及朝鲜移民教育工作者的自觉意识提升，朝鲜移民的学校教育开始发展起来。在远东地区的朝鲜移民中存在着几种学校类型。

首先，俄国政府主要推广俄式学校。俄国政府规定，朝鲜移民一律不允许独立办学，俄国政府会成立专门的朝鲜移民学校，以普及俄语、宣传俄国文化。⑤ 1866年8月30日，滨海省军事总督向东西伯利亚总督高尔萨科夫提出在

---

① Сибирские вопросы. СПБ. 1907. №17. с. 19.
② Министерство народного просвещения. СПБ. 1904. с. 352.
③ Министерство народного просвещения. СПБ. 1904. с. 353.
④ ЦГАДВ. ф. 87. оп. 4. д. 1593. л. 60.
⑤ ПетровА. И. Корейская диаспора на Дальнем Востоке России 60－90-е годы XIX века. Владивосток：ДВО РАН，2000. C. 206.

波谢特地区的朝鲜移民中建立学校的意见,最终获得批准。同年秋,朝鲜移民聚居地棘心河村成立了第一所俄式学校。这一类学校的建立担负着俄国对朝鲜移民的同化功能。但截至1876年,朝鲜移民接受俄式教育的普及率仍然非常低,仅占朝鲜移民总数的2.2%。至19世纪末,随着扬齐河、阿吉密和西吉密等朝鲜移民村纷纷建立俄式学校,朝鲜移民的受教育率,特别是朝鲜移民儿童的受教育率得到显著提高。根据官方统计资料,1892年滨海省的学校共有225~230名朝鲜儿童,相当于每73名朝鲜儿童中就有1人接受教育,而俄国居民的受教育情况不过是每123名俄国儿童中有1人接受教育,这一比例大大高出俄国居民中儿童的受教育比例。[①] 出现这一状况的原因主要有以下两点。第一,经费相对有保障。相较俄国学校而言,政府更重视朝鲜移民的同化进程,因此,每年会拨出更多的经费来支持朝鲜移民的教育。1896年大批朝鲜移民加入俄国国籍后,为使更多的朝鲜儿童接受俄式教育、尽快掌握俄语,俄国政府加大资金投入力度,使阿穆尔沿岸辖区朝鲜学校的教学水平较此前有很大提高。第二,为了加速融入俄国社会,朝鲜移民支持自己的子女学习俄语,了解俄国文化。在对待俄式教育的态度上,朝鲜移民经历了从排斥到接受的过程。虽然迁入初期,朝鲜移民更多地保留了本民族的多神教信仰、原有的生活习惯和传统风俗,但为更好地在新居住地生存,朝鲜移民意识到让孩子掌握俄语的重要性,逐渐改变了禁止子女接受俄式教育的传统观点。

---

① ПетровА. И. Корейская диаспора на Дальнем Востоке России 60 – 90-е годы XIX века. Владивосток: ДВО РАН, 2000. С. 216.

其次，朝鲜移民中建有少量教会学校。教会不仅通过资金支持将势力渗入俄式学校，还创办了专门的教会学校，无论从规模上，还是教学质量上，教会学校都要优于普通学校，但教学内容以宗教传播、传授神学为主。

最后，除俄式学校和教会学校外，朝鲜移民还自费创办朝鲜民族学校（朝鲜语为主）。由于一些朝鲜教育者对俄式学校、教会学校持排斥态度，因此自发开办了一些朝鲜语学校。例如，1911年，符拉迪沃斯托克市城郊的朝鲜移民村组建了"汉民韩国"（Хан мин хак ге）朝鲜学校。① 截至革命前，远东地区建有182所自发创建的朝鲜民族学校，共有5750名学生和257名教师，而当时政府创建的使用俄语教学的俄式学校仅有43所，总计有学生2599人、教师88人。②

此外，朝鲜移民中还开设了成人夜校、组织各种讲座等。根据1911年学校普查数据，学生占居民的百分比如下：俄国居民的学生占比是3.04%，朝鲜移民中的学生占比为2.43%，中国人为0.01%。③ 虽然学生占总体居民比率较低，但朝鲜移民的学生比例与俄国居民的学生比例相差甚微，这在某种程度上反映了朝鲜移民文化教育的发展成果。通过文化和科学传播，提高了朝鲜移民的民众素质，唤醒了朝鲜移民的民族意识。

（二）俄国朝鲜移民的宗教信仰

朝鲜人向俄国移民初期，对东正教尚不了解，他们仅仅知道，只有皈依东正教才有可能加入俄国国籍，获得国籍后

---

① ЦГАДВ. ф. 87. оп. 1. д. 853. лл. 30–31.
② ЦГАДВ. ф. 1. оп. 1. д. 199. л. 5.
③ Ким Сын Хва. Очерки истории советских корейцев. Алма-Ата，1965. С. 196.

方可分得土地。因此，宗教对早期的朝鲜移民而言，仅是一种生存手段，东正教对朝鲜移民精神上的影响十分有限。

1870年，东西伯利亚总督高尔萨科夫在视察南乌苏里边区时发现，即便有些朝鲜移民已经皈依了东正教，但事实上朝鲜移民对东正教并不真正了解，仅是形式上的信徒，于是他致信阿穆尔主教韦尼阿明说明了这一情况。为在滨海省和阿穆尔省普及东正教，韦尼阿明主教先后向南乌苏里边区派去传教士从事传教活动，并在两省的朝鲜移民村中相继建立东正教教堂。最早建立东正教教堂的是滨海省的棘心河村和扬齐河村，随后，又在阿穆尔省的布拉戈斯洛维诺耶村耗资2000卢布建立教堂。19世纪末至20世纪初，在阿穆尔省和滨海省的32个朝鲜移民村中已建有十多座教堂。

此外，许多初到俄国远东地区的朝鲜家庭由于生活拮据，不得已将子女寄养在俄国家庭。在俄国家庭中，朝鲜移民的子女会耳濡目染地接受东正教思想，久而久之成为东正教忠实信徒。1871年，远东地区朝鲜移民中信奉东正教的人数有363人[①]，至1875年，南乌苏里边区东正教教徒占朝鲜移民总人数的33.2%（见表4-5）。

表4-5　1875年南乌苏里边区朝鲜移民村中东正教教徒人数及比重

居民点	非东正教徒	皈依东正教人数	总数	东正教徒占总人数的百分比（%）
棘心河	808	399	1207	33.1
扬齐河	383	199	582	34.2

---

① Вагин В. И. Корейцы на Амуре. -Сборник историко-статистических сведений о Сибири и сопредельных ей странах. Том1. С. -Петербург，1875-1876. С. 19.

续表

居民点	非东正教徒	皈依东正教人数	总数	东正教徒占总人数的百分比（%）
哈吉达	200	93	293	31.4
阿吉密	79	30	109	27.5
西吉密	34	27	61	44.3
总数	1504	748	2252	33.2

资料来源：Петров А. И. Корейская диаспора на Дальнем Востоке России 60 – 90-е годы XIX века. Владивосток：ДВО РАН，2000. С. 230.

虽然信奉东正教的人数不断增加，但在皈依东正教的同时，朝鲜移民仍然继续信仰本民族的传统宗教——佛教或萨满教。每逢传统节日、婚丧嫁娶或生病时，还常常遵从佛教或萨满教的礼仪行事。甚至有的朝鲜移民村，宣扬保留朝鲜人的传统文化和思想，拒绝信奉东正教。1896年，上阿吉密村有10户朝鲜移民拒绝皈依东正教，选择离开远东地区。此外，长老教、全道教等在俄国的朝鲜移民中也不乏信奉者。

19世纪80年代，朝鲜移民信奉东正教进入更为理智的阶段。因此，进入80年代皈依东正教的朝鲜移民人数并没有逐年递增，而是出现了反复和波动（见表4-6）。为此，东正教开始采用新的传教手段，例如建立教会学校。1900年，在滨海省和阿穆尔省建有26所教会学校。此外，俄国地方当局将滨海省划为12个教区，其中9个教区是朝鲜东正教教区：6个位于波谢特地区，3个位于绥芬区。[①] 在俄

---

① ПетровА. И. Корейская диаспора на Дальнем Востоке России 60 – 90-е годы XIX века. Владивосток：ДВО РАН，2000. С. 231，243.

国政府的努力下，俄国东正教教徒人数才有所增加。日俄战争后，出现了朝鲜移民皈依东正教的高潮，有时一天内会有几百人接受洗礼。

表4-6　1883~1886年和1888年滨海省接受洗礼的朝鲜移民数量

性别	1883	1884	1885	1886	1888	总数
男性	109	37	288	76	128	638
女性	93	25	271	27	89	505
总数	202	62	559	103	217	1143

资料来源：Петров А. И. Корейская диаспора на Дальнем Востоке России 60-90-е годы XIX века. Владивосток：ДВО РАН，2000. С. 231.

综上所述，由于俄国远东地区自然地理条件与朝鲜相近，朝鲜农民在俄国主要从事农业生产，为远东地区带来了传统作物和耕种方法，促进了远东土地的开发。此外，朝鲜移民还活跃在养蚕业、捕渔业、采矿业、铁路建设等各领域，充实了劳动力队伍。政治上，朝鲜移民不仅踊跃参加反沙皇专制的斗争，还积极抵抗外国武装干涉和国内反革命势力，成为建立和保卫苏维埃政权的有生力量。与此同时，朝鲜移民中的革命者将远东地区的游击战争，与朝鲜国内人民反日民族斗争相结合，使其斗争具有国际无产阶级革命和被压迫民族反殖民斗争的双重内核。思想上，推行俄式教育、宣传东正教，成为俄国对朝鲜移民同化政策的重要手段，朝鲜移民在适应俄国社会的同时，又表现出一定的民族独特性与异质性。

第五章　俄国对朝鲜移民政策论析

1860~1917年俄国对朝鲜移民的政策不仅反映在移民人数的波动上，亦可从分布地域见其端倪。每一年人数的变化都是政策调整的结果，而每一次人数曲线的波动又会影响俄国对朝鲜移民政策的制定。朝鲜人在俄国地域上的分布同样与俄国的朝鲜移民政策存在互动变化关系。俄国往往出于增加劳动力或边境安全等因素考虑，将朝鲜人逐渐向边区内陆，甚至向欧俄地区迁移。此外，俄国对朝鲜移民政策的制定，不仅受国家经济发展战略和政治因素的影响，亦受中朝、日本和战争因素的制约。

第一节　移民人数、地域变化与俄国朝鲜移民政策

一　朝鲜移民人数变化与俄国朝鲜移民政策

朝鲜移民的人数变化，散见于本书各时段的朝鲜移民政策中，本章对其进行系统梳理，借以挖掘隐藏在表象背后的俄国对朝鲜移民政策变化的规律与实质。由于历史资料所限，欲将每一年俄国境内朝鲜移民的数据做精确统计

很难实现，况且，俄国境内的朝鲜移民很多都是非法入境者，官方的统计及史料的记载与事实难免有所出入。根据现有的资料，我们仅以滨海省为例，将1864～1917年所掌握年份的数据进行汇总（见表5-1和图5-1）。

表5-1 滨海省朝鲜移民人数（1864～1917年）

年份	朝鲜移民人数
1864	104
1867	1801
1872	3473
1882	10137
1891	12857
1898	23000
1899	27000
1902	32380
1906	34399
1907	45914
1908	45497
1909	51554
1910	50965
1911	51712
1914	63949
1917	81825

我们将以上数据用图示的方式呈现（见图5-1）。

图5-1展现了不同阶段俄国朝鲜移民的数量变化，从中亦可以窥见不同时期俄国对朝鲜移民所采取政策的变化情况。

第五章 俄国对朝鲜移民政策论析

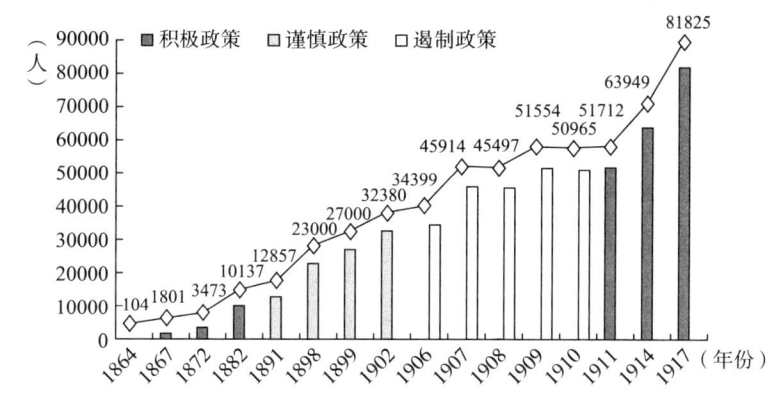

图 5-1　1864~1917 年滨海省朝鲜移民人数变化趋势

第一阶段：从图 5-1 中的数据可以看出，19 世纪 60 年代至 80 年代初，俄国境内朝鲜移民人数呈现逐年递增之势。从 19 世纪 60 年代俄国政府正式批准朝鲜人入境，至 19 世纪 80 年代初，朝鲜移民人数增加了 96 倍。之所以第一个阶段朝鲜移民人数逐年增加，主要由于在朝鲜人向俄国远东地区移民初期，俄国对朝鲜移民采取了友善政策。俄国远东当局对朝鲜人勤劳和诚实的品质非常认可，期望朝鲜人作为廉价劳动力，为其开垦远东大量未开发的土地，并为远东地区的军民供给粮食，因此，俄国当局对朝鲜移民的政策总体上以鼓励和支持为主。例如，第一批朝鲜人出现在俄国时，不仅得到了俄国政府的物质帮助，即从俄国驻军军粮中每日抽出一斗小麦供给刚刚迁来的朝鲜移民、在早已制定好的《移民条例》中增加对朝鲜移民的优惠条件等；东西伯利亚地方当局还为朝鲜移民提供了政治保障，包括支持朝鲜移民加入俄国国籍、允许其在俄国境内完全自由、并受法律保护等，这些措施使俄国的朝鲜移民迅速得到安置，这吸引了更多朝鲜人向俄国迁移。

第二阶段：19世纪80年代至20世纪初，俄国朝鲜移民人数呈现先慢后快的增长态势。从图5-1中可以看出，1882年至1891年，俄国朝鲜移民的数量增幅较小，仅增长了0.27%。导致这一结果的原因是，这一时期中国和朝鲜对俄国积极接纳朝鲜移民表示了强烈的不满并与之进行多次交涉，而俄国国内特别是高层官员中也出现了反对继续安置朝鲜移民的声音，因此，在国内国外双重压力下，俄国政府表现出了谨慎的态度。俄国政府通过大力鼓励本国居民迁入远东地区和对朝鲜移民入籍进行控制，双管齐下限制朝鲜人向俄国移民，这使俄国远东地区朝鲜移民的数量增长较为缓慢。但是在1893～1902年，两任阿穆尔沿岸辖区总督杜霍夫斯基和格罗杰科夫对朝鲜移民的态度却较为友善，他们不仅肯定了朝鲜移民对远东地区经济发展的贡献，还放宽了对朝鲜人入籍条件的限定。因此，19世纪80年代至20世纪初，在俄国中央政府的"限制政策"与地方政府"灵活态度"的夹缝中，俄国远东地区的朝鲜移民人数非但未减，反而增加，正如图5-1所示出现了先慢后快的增长趋势。

第三阶段：1905～1910年，俄国朝鲜移民人数波浪式递增。究其原因，主要受当时东北亚国际关系的影响。1904～1905年日俄战争后，日本已事实上占领朝鲜。在日本的压迫下，俄国出现了新一轮朝鲜移民潮。这一时期的移民往往被称为"政治移民"或"流亡移民"。正如韩国学者所说："1905年以前，朝鲜人移居不能叫流亡，其偶然性和规模不可与1905年以后相比。"[①] 而大量政治性移民冲破

[①] 국사편찬위원회：《러시아ㆍ중앙아시아 한인의 역사》，국사편찬위원，2008，제24p.

国境，来到俄国，使 1906~1907 年仅仅一年间，朝鲜移民人数便增长 11515 人。然而，人数增长趋势中所发生的波动，恰恰反映了俄国在应对日俄战争后出现的朝鲜移民潮时所进行的政策调整。面临大量朝鲜人的涌入，无论是中央政府还是地方当局均措手不及，为稳固边界安全，纷纷采取遏制措施。不仅中央政府采取措施限制远东地区的朝鲜移民，地方政府亦全力配合，大力鼓噪"黄祸"言论，禁用朝鲜劳动力，甚至将之驱逐出境。正是在这种对朝鲜移民排斥和遏制政策的影响下，俄国的朝鲜移民人数在 1908 年、1910 年出现了下滑。

第四阶段：1910~1917 年，俄国朝鲜移民人数节节攀升。1910 年以后，导致俄国朝鲜移民人数激增的因素主要有内、外两个方面。

从俄国国内状况看，阿穆尔考察团在对远东地区的朝鲜移民进行了一番客观评价后，最终肯定了朝鲜移民在俄国的积极作用，这一结论成为果达基执政的基础。上台后，果达基不仅取消了前任对朝鲜移民的排斥政策，还极力主张使用朝鲜劳动力，并大量接纳他们加入俄国国籍。俄国对朝鲜移民的接纳态度，使大量朝鲜民族独立运动者不断涌入，滨海省逐渐成为朝鲜民族运动的聚集地。实际上，1905 年前后，滨海省地域上便集结了大量的朝鲜民族运动者，其中包括柳仁镐、安重根、洪范道等人，以及在国内外领导爱国启蒙运动的重要人物，例如，在朝鲜组织新民会的安昌镐等人通过各种渠道来到滨海省，他们与滨海省核心人物崔在衡、文昌范、金学万等合力，于 1910 年前后主导了朝鲜的独立运动。①

---

① 박민영：《한말 연해주의병에 대한 고찰》，《인하사학》，1993 제 1 집，제 74p.

虽然日俄两国政府曾达成相互引渡政治犯条约，但俄国政府并未将任何一名政治犯引渡给日本，而是将其流放西伯利亚或者押送至中国东北，几个月后便又恢复其人身自由。

从国际局势来看，随着1914年第一次世界大战的爆发，俄国急需大量劳动力进行军工生产，同时也需要大量新兵冲锋陷阵。为此，俄国对朝鲜移民实施了更为明确的积极政策，一方面调派廉价朝鲜移民去俄国西部，补充劳动力资源，以加强军工生产；另一方面，接收长期居住在阿穆尔沿岸辖区未加入俄国国籍的朝鲜人入籍，以增加兵源。因此，在一战的大背景下，俄国朝鲜移民的人数不断攀升，1914年比1911年增加12237人。而十月革命后，在"全世界无产者联合起来"旗帜的吸引下，大量朝鲜人再度涌入俄境，人数出现了跳跃性上涨，达到81825人。

二 地域变化与俄国朝鲜移民政策

朝鲜移民在俄国境内主要分布在滨海省，但随着俄国对朝鲜移民政策的调整，大量生活在边境地区的朝鲜移民纷纷向边区内陆迁移，逐渐迁往阿穆尔省和内陆其他地区，甚至俄国的欧洲部分。

（一）滨海省的朝鲜移民

1860年《中俄北京条约》签订后，俄国开始与朝鲜接壤。虽然这一时期朝鲜政府实行闭关政策，对越境者会处以极刑，但由于俄国远东地区大量未开垦的土地，仍吸引着生活窘迫的朝鲜农民。早期图们江附近的朝鲜农民大多早晨过江耕种土地，晚上返回，这就是所谓的日耕种者。后来又发展成为春天耕种、秋天返回的季节移民。从朝鲜通过陆路向滨海省移居的人们,一般从图们江口避开哨卡越过国境进入波谢特地区;也有从图们江口进入中国珲春再进入俄国境内的,还有的藏在船里,选择在俄国官吏看不到的地方登陆。①

朝鲜人向俄国迁移,首先进驻的地区便是滨海省,特别是该省南乌苏里边区南部与朝鲜接壤的波谢特地区。这里拥有丰富的动植物资源,例如,大量的森林资源(橡树、白桦树、榆树、落叶松、冷杉等)、种类繁多的动物(熊、鹿、山羊、野猪等)、各种鱼类(大马哈鱼、鲤鱼、鳟鱼等)和海产品(螃蟹、海参等)。波谢特地区的陆路边界与中国的珲春毗邻,亦是朝鲜和俄国的桥梁和重要通道。

自1863年出现以户为单位的朝鲜移民起,俄国便成为备受压迫的朝鲜人的逃难之地。最初,他们散居在波谢特地区的西吉密河和扬齐河边,那里随后也成立了两个朝鲜移民村——西吉密村和扬齐河村。1865年初,南乌苏里边区又出现了一些不大的朝鲜移民村。1869年,朝鲜暴发洪灾导致了经济瘫痪并引发饥荒,这促使朝鲜人向俄国的移民愈演愈烈。1871~1880年,共有336户朝鲜家庭向波谢特地区移民,即平均每年33.6户。而1881~1884年有272户家庭,平均每年68户。1868~1869年,俄国著名旅行家普尔热瓦尔斯基来到远东地区后,曾对波谢特地区的三个朝鲜移民村进行了详细描述:"第一个村(棘心河村)建立于1863年,位于离棘心河谷的诺夫哥罗德哨卡东北部18俄

---

① 국사편찬위원회:《러시아 중앙아시아 한인의 역사》,국사편위원회,2008,제45p.

里（1俄里=1.06公里）处①，它的俄国名字叫梁赞诺夫市郊；第二个村（扬齐河村）1867年出现在扬齐河谷，位于诺夫哥罗德哨卡西北部14俄里处；第三个村（西吉密村）位于西吉密河谷距离诺夫哥罗德哨卡东北80俄里处。根据普尔热瓦尔斯基的资料，1868～1869年，这些村子共生活着1800人，人口最多的是棘心河。"② 据不完全统计，1872年南乌苏里边区有13个朝鲜移民村、711所屋舍、496户家庭，居民人数共3473人（男1850人、女1623人）。他们中有2154人受洗，信奉东正教。③ 随着波谢特地区的朝鲜移民人数逐年增加，他们被分派至滨海省的更深处：绥芬河、苏芬河（绥芬河右支流）、列富河和达乌比河流域。1869～1870年，分派到绥芬河、列富河和达乌比河流域的朝鲜人共5700人。截至19世纪80年代末至90年代初，滨海省有30余个朝鲜移民村。事实上由于朝鲜移民沿河流分布范围广，每个村子可能都分成"上""下"两部分，其中70%的朝鲜移民仍居住在波谢特地区。

朝鲜移民在滨海省不断扩散，是俄国对朝鲜移民采取积极政策的必然结果。在朝鲜移民来到俄国的初期，俄国政府不仅给予物资支持，例如，提供土地、粮食，还提供军事保护和政治保障。虽然在朝鲜人向境外移民的过程中，

---

① 此外这一数字与档案文献存在差异。据《俄国远东历史档案》记载，第一批朝鲜移民安置的地方是在距诺夫哥罗德哨卡15俄里处。——РГИА ДВ. Ф. 87. Оп. 1. Д. 278. Л. 9 – 10.

② Пржевальский Н. Путешествие в Уссурийском крае. 1867 – 1869. СПб. , 1870. С. 106.

③ Поьянков В. Несколько статистических данных об Южно-Уссурийском крае. - Известия имп. русского географического общества. Т. Х, №2. 1-го февраля 1874г. С. 90.

一些人移居到中国境内,但由于俄国政府的友善政策,使其仍然成为许多朝鲜人选择的理想之地(见表5-2)。①

表5-2 1910年滨海省朝鲜移民的分布情况

分布地	朝鲜移民人数		
	俄国籍朝鲜移民	非俄国籍朝鲜移民	总数
城市			
符拉迪沃斯托克	404	4420	4824
哈巴罗夫斯克	336	482	818
尼里古斯克—乌苏里斯克	—	2284	2284
尼古拉耶夫斯克	61	1480	2284
县			
尼古里斯克—乌苏里斯克	13675	12330	26005
伊曼斯克	1331	1641	2972
奥尔金斯克	842	9441	10283
哈巴罗夫斯克	—	817	817
乌第	378	—	378
阿吉密金矿区	93	—	93
乌苏里哥萨克军事区	—	1037	1037
全省总数	27120	33932	51052

资料来源:Пак Б. Д. Корейцы в Российской империи. Изд. 2-е, испр. Иркутск, 1994. С. 92.

(二) 阿穆尔省的朝鲜移民

朝鲜人大规模向俄国迁移开始于1869~1870年。由于朝鲜国内连年灾荒,成千上万的朝鲜人(大部分是贫穷的

---

① 국사편찬위원회:《러시아 중앙아시아 한인의 역사》,국사편위원회,2008,제15p.

农民）通过图们江江口和陆路涌入南乌苏里边区。随着朝鲜移民人数的增加，远东当局深感不安，担心边境地区外族人的数量超过本国居民后，会使边境出现"朝鲜化"现象，对边界安全构成威胁；同时，大量朝鲜人来到俄国开垦土地会使俄国居民失去最肥沃的土地。1871 年，东西伯利亚新总督西涅尔尼科夫命令滨海省军事总督，将新迁来的其中 500 户朝鲜家庭，用船运到阿穆尔，安置在哥萨克步兵营所在的地区。为此，政府在纳金波夫斯克和普基诺夫斯克之间的萨玛尔河流域划拨了专门区域，计划建立两个朝鲜移民村。然而，安置移民需要消耗巨额国库储备，这使地方政府无力承担。例如，阿穆尔省军事总督要为移民建造房子，向他们提供可以坚持到 1872 年秋收前的粮食，还要提供种子、牲畜和必要的生产工具，共计需要花费 13651 卢布。① 由于资金短缺，阿穆尔省最终仅建成一个朝鲜移民村，即布拉戈斯洛维诺耶村。

1871 年 7 月末，102 户朝鲜家庭共 431 人，从扬齐河村乘坐两只平底船和乌苏里号拖船在普基诺夫斯克站上岸。8 月 1 日前，这些人到达萨玛尔河流域，在布拉戈斯洛维诺耶村安顿下来。其中 43 人由于生病留在了尼古里斯克村，3 人死于途中，23 人逃到中国东北。自 8 月 2 日起，布拉戈斯洛维诺耶村开始为朝鲜人建造房屋。到冬季来临前，在哥萨克的指挥下，已有 45 座木制房屋建造完成。另建 8 个中国东北样式的土坯房，以供学校之用。除此之外，他们已经开始做雇工，有的在酒厂，有的在造船厂，有的做小篮子等来维持生计。朝鲜人在新居住区共耕种 15 俄亩土地，

---

① Ким Сын Хва. Очерки по истории советских корейцев. Алма-Ата Наука. 1965. С. 31.

向哥萨克每年租种31俄亩土地，积累700垛干草、购买300匹马和60头乳牛。1872年，计划种植143俄亩土地。① 这里有极少数人去城市、矿山和建筑工地务工。他们主要种植大麦、豆类、小米、玉米。很少一部分土地种高粱、小麦和荞麦。维斯列涅夫的资料里提到了阿穆尔省的布拉戈斯洛维诺耶村："1879年，这里共计129座房屋，生活着624人（受洗的有618人）。"② 但是，由于资金问题，向阿穆尔省的移民进展得十分缓慢。由于朝鲜人不愿自费进行迁移，俄国政府也无法再从国库拨出资金支持这项工作③，至1910年阿穆尔省朝鲜移民人数仅有1538人（见表5-3）。

表5-3　1910年阿穆尔省朝鲜移民分布情况

分布地	男性	女性	总数
布拉戈维申斯克	315	42	357
结雅市	576	3	579
阿穆尔县	124	26	150
阿穆尔哥萨克军事附近	198	4	202
结雅矿警区	150	—	150
布列因斯克山区	50	5	55
阿穆尔移民区	45	—	45
全省总数	1458	80	1538

资料来源：Пак Б. Д. Корейцы в Российской империи. Изд. 2-е, испр. Иркутск, 1994. С. 93.

---

① О состоянии и нуждах корейцев села Благословенного. Рапорт военного убернатора Амурской области генерал-губернатору Восточной Сибири от 11Февраля1872г. -ГАИО. Фонд24. Опись10. Единица хранения 202. К. 2107, Т. 1Лист236.
② Сборник главнейших официальных документов по управлению Восточной Сибирью. Т. Ⅳ. Выпуск1-й. Инородцы Амурской области. Иркутск, 1883. С. 57.
③ 국사편찬위원회：《러시아 중앙아시아 한인의 역사》, 국사편찬위원회, 2008, 제18p.

至1897年，俄国朝鲜移民仍主要集中于滨海省，其中的87.2%生活在南乌苏里边区。除一部分人迁往阿穆尔省（这里的朝鲜移民约占远东地区朝鲜移民总数的6%），也有少部分人分散于远东的其他地区，例如，萨哈林和堪察加。19世纪末两地仅有少量朝鲜人，而至20世纪初，约有36.5%的朝鲜移民定居于此（见表5-4）。朝鲜移民在远东地区的散居是俄国持续实行内迁政策的结果。

表5-4 1897~1907年俄国远东地区朝鲜移民分布的变化情况

远东地区	1897年		1907年	
	人数	所占比率	人数	所占比率
南乌苏里边区	22551	87.2	35869	57.9
萨哈林和堪察加省	1755	6.8	21305	36.5
阿穆尔省	1562	6.0	4826	5.6
总数	25863	100	62000	100

资料来源：Петров А. И. Корейская диаспора в России1897-1917гг. Владивосток，2001. C. 38

（三）其他地区散居的朝鲜移民

进入20世纪，随着东北亚国际局势的变化，俄国朝鲜移民定居点的人数明显增加。虽然俄国政府一度采取排斥措施，但总体上仍没有实质性地遏制朝鲜人的涌入。随着朝鲜移民人数的增加，以及俄国对于边界安全考量而进行的政策调整，朝鲜人不断深入俄国内陆，并向欧俄部分进行扩散。

1910年，日本吞并朝鲜后，新一轮朝鲜移民涌入俄国。虽然在"黄祸论"的鼓噪下，俄国政府曾全面排斥朝鲜移民，但随着一战爆发，俄国为补充极度缺乏的劳动力和兵力，转变了对朝鲜移民的态度，这让移居俄国的朝鲜移民人数与日俱增。随着朝鲜移民人数的增多，他们开始向西部移动，纷纷向后贝加尔斯克、西伯利亚、乌拉尔和欧俄等地迁移。1911年秋，《西伯利亚之声》对此有所描述："几乎每天都有小批朝鲜人经过伊尔库茨克前往西部。他们去西部务工，在西伯利亚地区漂泊。由于收成欠佳，西伯利亚城市中的俄国工人大量失业，朝鲜人也不能很快找到工作。而他们的同胞却被告知西伯利亚有就业机会，因此，很多人从远东地区来到这里。"① 从《西伯利亚之声》提供的信息可以确认，20世纪初，朝鲜移民已出现在西伯利亚各城市及乡村。虽然，初期朝鲜移民的生存状况不容乐观，但他们很快站稳脚跟。例如，伊尔库茨克的朝鲜人主要从事小生意：开洗衣店、开小店铺、卖香烟。②

一部分朝鲜人向西迁移的过程中在西伯利亚、乌拉尔等地定居，还有一部分人为寻求更佳的工作机会，以及让子女接受更好的教育，继续向欧俄各大城市迁移，例如，圣彼得堡、莫斯科等地。

截至1917年，朝鲜人已经散居在远东以外的地区，甚至延伸至西伯利亚和欧俄地区。至20年代，西西伯利亚大约有5000名朝鲜人，俄国欧洲部分的朝鲜人已达到7000人。③ 朝鲜移民分散在欧俄18个城市工作，其中包括：莫斯科、圣彼得堡、巴赫穆特（Бахмут）、哈尔科夫（Харь-

---

① Уссурийская окраина. Никольск-Уссурийский. 1911, 6окт.
② Архимандрит Августин (Никитин). Православие у корейцев Забайкалья и Приамурья//История Российской духовной миссии в Корее. М., 1999. С. 163.
③ Пак Б. Д., Бугай Н. Ф. Указ. соч. С. 131.

ков)、塔甘罗格（Таганрог）、叶卡捷琳诺斯拉夫尔（Екатеринославле）、亚历山大罗夫斯克（Алелсандровск）、叶卡捷琳纳达尔（Екатеринодар）、顿河罗夫斯托（Ростов-на-Дону）、新切尔卡斯克（Новочеркаск）、五山城（Пятигорск）、阿尔马维尔（Армавир）、基辅（Киев）、阿斯特拉罕（Астрахан）、查里岑诺（Царицыно）、萨拉托夫（Саратов）、乌法（Уфа）、奥伦堡（Оренбург）。还有为数不多的朝鲜工人在塔什干（Ташкент）、巴库（Баку）、库尔干（Курган）、车里雅宾斯克（Челябинск）、秋明（Тюмень）、叶卡捷琳堡（Екатеринбур）、维亚特卡（Вятка）、沃洛格达（Вологда）、雅罗斯拉夫尔（Ярославль）、阿尔汉格尔斯克（Архангельск）等地。

综上所述，朝鲜人的迁移路径是以俄朝边境地区为起点，随后渗入远东各地，再向西迁移至西伯利亚，乃至欧俄地区。这一迁移路径并非一蹴而就，是在漫长时间内实现的空间上的延展。可以说，这一空间分布与不同历史阶段俄国的移民政策密切相关。无论是对朝鲜移民积极接纳时期，抑或对其恶意排斥阶段，对边界安全的忧虑从未消失，对朝鲜移民实行内迁，将其散入俄罗斯大地，更利于民族同化政策的实施，及国家安全的维护。

第二节　俄国对朝鲜移民政策的影响因素

1860～1917年俄国的朝鲜移民政策不仅受国内因素影响，更受外部因素，特别是近代国际局势的制约。在国内、外两大因素的动态作用下，俄国对朝鲜移民的政策进行着灵活调整（见图5-2）。

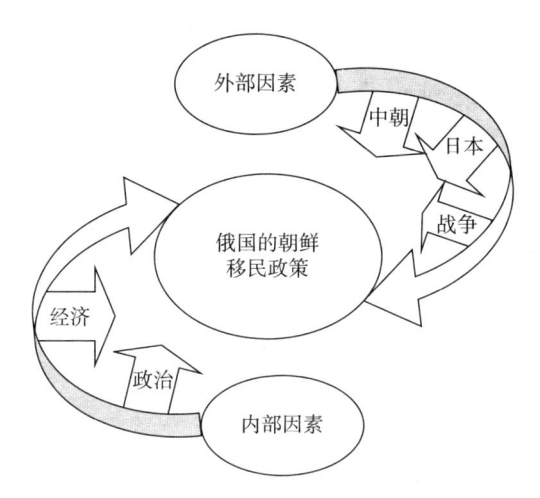

图5-2 俄国对朝鲜移民政策影响因素结构

一 内部因素与俄国的朝鲜移民政策

（一）经济因素是政策制定的主导

在国际社会中，任何一个国家制定对内、对外政策都有政治、经济、军事和文化等方面的目标，但首要目标无一例外是经济利益。经济利益既是一个国家生存的基本前提，又是其发展的保障，同时更是决定其他利益的基础。正如马克思所指出的："历史过程中的决定性因素归根到底是现实生活的生产和再生产。"[①]

1860～1917年，俄国对朝鲜移民政策的每一次变化无不围绕经济利益进行。

一方面，俄国希望利用朝鲜移民开发远东领土，推动

---

① 《恩格斯致约·布洛赫》，载《马克思恩格斯选集》（第4卷），人民出版社，1972，第477页。

远东经济发展。19世纪60年代后,俄国获得了远东大片未开垦的土地。俄国政府最为迫切的问题,便是增加远东地区的劳动力,以确立俄国对该地区的有效管理。为此,俄国颁布了一系列条款和法令,力图鼓励本国居民向远东迁移。从1861年4月27日《俄国人与外国人向东西伯利亚的阿穆尔省和滨海省移民条例》,到1882年《关于向南乌苏里边区官费移民法令》,再到1904年《关于农村居民和离乡务工者自愿迁移的临时章程》,及1906年3月《关于执行1904年移民法令的相应章程》的颁布,俄国政府通过一系列优惠条件吸引欧俄居民向远东地区迁移。在一系列移民政策的吸引下,远东地区俄国居民的人数虽一度有所增加,但由于路途遥远、气候恶劣、耕种困难、费用不足等因素,大量俄国人仍无法到达远东地区,或者来到远东后无法生存而返回故土。因此,国内移民迁移成本高、时间长、效果欠佳。为实现开发远东的战略构想、推动远东地区的经济发展,俄国政府不断鼓励邻近国家的居民移居俄国。与滨海省相邻的朝鲜北部农民的迁入,恰好为俄国注入了经济发展的动力。俄国土地所有者们不仅利用朝鲜廉价劳动力耕作土地,地方当局还在交通和通信设施建设、军队和军需物资输送等方面广泛使用朝鲜劳动力。

另一方面,在利用朝鲜移民开发远东地区的同时,朝鲜移民亦成为中央和地方政权的警惕对象。例如,俄国担心远东地区的朝鲜移民长年从事农耕,会使大量土地被外族人占有,造成俄国居民的土地短缺;朝鲜移民虽为远东农业生产率的提高做出了积极努力,但也在不断耗费地力,带来土地的荒废;而那些非法朝鲜移民者,更会使俄国政府面临巨大的经济损失。正常情况下，朝鲜人在到达俄国前，要拿到获得签证的护照，每过 1 个月，还要花费 5 卢布去延签。据粗略统计，1906 年，滨海省约有朝鲜移民 3.5 万人，而拥有合法延签手续的仅 3714 人，因此，仅滨海省便给俄国带来了 16 万卢布的经济损失。

可见，俄国政府对朝鲜移民虽有经济上的顾虑，但在国家安全尚未受到威胁的前提下，接纳、安置朝鲜移民，实现远东开发战略成为首要任务。诚然，经济因素不是一个国家政策调整的唯一考量，政治因素亦是其政策变化的又一影响因子。

（二）政治因素是政策调整的动因

从朝鲜人迁入俄国之日起，始终伴随着对其作用评价的非议。总体而言，对朝鲜移民的质疑多来自政治层面，主要包括以下几点：（1）朝鲜人拥有独特的文化和生活习惯，要同化朝鲜人极其困难，而大量外族人占有边境地区，会使当地出现"朝鲜化"现象；（2）朝鲜人主要生活在远东地区与中、朝交界的边境地区，边境地带移民的混乱局面，势必会遭到来自中、朝、日等各方质疑，从而引发国际纠纷；（3）朝鲜人属东方黄种人，特别是朝鲜被日本吞并后，朝鲜人常被视为"日本臣民"。俄国政府担心，一旦俄国与邻国（主要指日本）爆发战争，朝鲜人会充当间谍或者倒向敌方，从而对俄国的安全构成威胁。

从朝鲜人出现在俄国境内起，对朝鲜人的质疑从未停止。出于以上几点政治考量，俄国政府即使是在急需劳动力、积极接纳朝鲜移民的阶段，依然会采取相应措施加以防范，例如，将大量生活在边境地带的朝鲜移民迁往远东内陆；大力鼓励本国居民迁往远东地区，以减弱甚至取代朝鲜移民在远东地区的作用；将朝鲜移民的法律地位进行限定，选择性地接收朝鲜移民入籍。在特殊的历史背景下，对朝鲜移民还会实施更为严酷、强制性的遏制政策，例如，禁止将土地出租给朝鲜人，禁止国有企业、工矿场使用朝鲜劳动力，全面排斥朝鲜移民。20世纪初，俄国中央政府和地方当局纷纷出台政策限制朝鲜移民。一方面，中央政府颁布措施鼓励欧俄居民向边疆自由移民，增加当地俄国居民数量。例如中央政府1906年3月颁布《关于执行1904年移民法令的相应章程》，以优厚的条件鼓励欧俄居民向远东自由移民；俄国政府还在斯托雷平改革的推动下，加速了俄国居民对远东的垦殖。这些措施使远东地区的俄国居民人数在短时间内迅速增加，在1906~1910年短短4年间，俄国移民人数便超过250万人，而朝鲜移民1861~1905年40年间累计不足200万人。在为俄国居民大开绿灯的同时，1910年6月21日，俄国政府颁布了《限制居住在阿穆尔沿岸总督辖区和伊尔库茨克总督辖区的外贝加尔省的外国籍人口的法令》，其中对那些没有获得俄国国籍的朝鲜移民加以限制。

另一方面，俄国地方行政机构积极配合中央政府的限制政策，采取了限制和驱逐朝鲜人的措施。1906年上任的阿穆尔沿岸辖区总督翁特尔别格，将中国移民和朝鲜移民看成"危险人种"。尤其是把朝鲜移民看成"政治上隶属于日本，经济上妨碍俄国人移住远东地区的人种"。他坚决支持俄国人占据阿穆尔，高喊所谓的"黄祸论"。因此，翁特尔别格开始推行限制和驱逐朝鲜移民的政策。例如，严格审查入籍者的权利、在各地采金场禁止雇用朝鲜劳工、禁止把官有地租赁给朝鲜移民，等等。俄国鼓励本国移民的政策以及阿穆尔沿岸辖区总督翁特尔别格采取的排斥朝鲜人的措施，使朝鲜移民的总数从1908年起增幅开始减弱，1909～1910年则出现了人数的明显下滑，从51554人降到50965人。

可见，俄国政府对朝鲜移民政策的制定，时而被经济因素主导，时而受政治因素左右，有时两者共同作用，互有交替，这使俄国对朝鲜移民政策呈现摇摆性、反复性等特征。

二　外部因素与俄国的朝鲜移民政策

近代以来，朝鲜半岛凭借其特殊的地缘位置，成为各大国盘根错节、利益纠葛之地。俄国作为东北亚的重要成员，与朝鲜半岛关系成为19世纪下半期至20世纪初东北亚国际关系的重要一环。俄国对朝鲜移民的政策，亦成为影响俄朝关系乃至东北亚国际关系的关键因素。1860～1917年，俄国对朝鲜移民的政策既受国内因素的影响，又受近代国际局势等外部因素制约。

（一）中、朝因素

19世纪60～80年代，俄国的朝鲜移民问题，特别是俄国朝鲜移民的法律地位问题牵动着东北亚各国的敏感神经。俄国力求积极安置朝鲜移民并确立其合法地位，以解决远东地区急需的劳动力问题。但在19世纪下半叶东北亚各国利益角逐与权力制衡的背景下，俄国朝鲜移民的法律地位问题不仅关乎俄国的自身大计，更牵涉到中、朝两国利益。

中、朝两国从各自立场出发进行了全力阻止。

中、朝的阻止不仅影响了俄国朝鲜移民法律地位的确定,更打乱了俄国开发远东和角逐东北亚战略计划的实施。

首先,在中、朝的阻挠下,俄国仅确立了境内部分朝鲜移民的合法地位。清政府为了保护边界安全、维护摇摇欲坠的中朝藩属关系,对俄国接纳和安置朝鲜移民的举措表示反对,并要求俄国遣返朝鲜移民。然而,俄国却以双方没有官方的相关规定为由进行了回绝。虽然清政府的直接干涉效果并不显著,但在华夷朝贡体系下清政府的立场对朝鲜处理此事的态度产生了一定影响。清政府利用其驻朝代表袁世凯,直接干预朝鲜政府的决策。

朝鲜政府的对俄交涉,使俄国境内朝鲜移民法律地位的确立几经波折。朝鲜既坚持立场又有所妥协,最终促使俄国承诺,将1884年以后禁止朝鲜人迁入俄国的条款列入俄朝条约;而1884年以前迁入俄国的朝鲜移民问题,已成为不争事实,朝鲜唯恐与俄继续争辩会影响大局,便做出妥协,默认了这部分人的法律地位,但在其努力下,并没有将其列入正式条约文本中。最终,根据交涉结果,俄国仅部分地确立了境内朝鲜移民的合法地位。

其次,俄国利用朝鲜移民开发远东地区的计划受到冲击。朝鲜人进入俄国后,很快成为远东地区的主要劳动力,无论是农业生产,还是工业部门,抑或建筑和运输等各领域。然而,在中、朝两国干涉下,俄国将境内朝鲜人进行了分类,1884年俄朝条约签订前迁入俄国的朝鲜人被列为第一类,他们可以加入俄国国籍,并享受与俄国人同等的权利和待遇,除此之外的朝鲜人只能在俄国暂时居住,致使朝鲜移民群体受到削弱,俄国利用其开发远东的计划遭受冲击。

最后,中、朝两国的干预打乱了俄国角逐东北亚的步伐。19世纪60~70年代,围绕朝鲜半岛的地区局势愈加复杂,在西方各国角逐朝鲜半岛之时,俄国亦虎视眈眈,将目标对准了朝鲜。特别是俄朝签订《修好通商条约》,正式建立外交关系后,俄国实施了所谓"和平征服政策",试图以"温和"的策略逐步实现插足朝鲜的目的。这一时期,俄国通过一系列外交手段,极力笼络朝鲜统治阶级,培养亲俄势力,为进一步扩张积极准备。因此,中、朝两国在俄国境内朝鲜移民法律地位的确立问题上大加干预,以避免俄国借口朝鲜移民问题进一步向朝鲜渗透。

(二)日本因素

日本是东北亚区域的主要国家之一,特别是在近代东北亚国际关系中日本又是地位极其特殊的成员。明治维新后,以天皇为主体的日本军阀政府对内进行自上而下的改革,逐步走上了资本主义发展道路。19世纪末20世纪初,日本步入以军事封建为特征的帝国主义阶段,同时日本对外开始推行所谓的"大陆政策",即以朝鲜、中国台湾为跳板,征服中国,再以中国大陆为基地,向北进攻西伯利亚,向南进攻印度支那半岛,从而独占东亚,称霸世界。日本大陆政策的实施打乱了东北亚格局的均衡,可以说,19世纪末20世纪初,朝鲜人向俄国移民每一次高潮的出现,均与日本密切相关。

为推行"大陆政策",日本先将朝鲜从华夷朝贡体系中剥离,再将竞争对手俄国排挤掉,1905年11月,日本迫使朝鲜政府签订《乙巳保护条约》，朝鲜从此沦为日本的保护国。日本在东北亚压倒性的优势，造成了东北亚格局的倾斜。在此进程中，日本人不仅控制了朝鲜的政治和军事，还侵占了朝鲜的土地，日本的农场主从此进军朝鲜。日本侵略者在朝鲜通过建立残酷的军警恐怖制度，一步步侵吞朝鲜，直至1910年正式将其吞并。为了逃避日本的高压统治，朝鲜人纷纷逃离祖国，其中一部分人迁移至俄国境内。正如1910年5月俄国驻汉城总领事所言："朝鲜北部各省政治状况恶化、歉收和饥荒、日本侵占了当地居民的大量土地，朝鲜人必须寻找其他的出路，背井离乡。"① 此次移民，除了逃避国难的朝鲜人外，还有很多朝鲜爱国者也加入移民队伍，参与到反日民族解放斗争中来。② 俄国境内大量政治性移民，正是日本在东北亚角逐中取得优势的背景下出现的。

此外，日本还插手俄国对朝鲜移民政策的制定。在日本的殖民统治下，大批朝鲜爱国志士涌入俄国，他们在俄国进行反日舆论宣传、组织反日政治团体，甚至组建武装力量，俄国滨海省逐渐成为朝鲜人反日运动的根据地。日本政府为此特别与俄国政府进行外交交涉，要求俄国采取相应措施制止境内朝鲜人的反日活动，并于1911年5月与俄国达成《相互引渡罪犯条约》，希望从政府层面加大对朝

---

① АВПРИ. Ф. Тихоокеанский стол. Оп. 487. Д. 109. Л. 108.
② 俄罗斯著名的朝鲜问题研究专家帕克认为，朝鲜移民向滨海省迁移虽开始于19世纪60年代，但不能把他们称为完整意义上的移民，因为其规模非常有限，也可以说，那是向整个边境的自然渗透。真正意义上的移民，也就是大多数朝鲜人放弃自己的国家而来到俄国，并把它当成另一个家园，是在朝鲜成为日本的保护国，日本吞并朝鲜的步伐更大后。——Б. Д. Пак, Корейцы в Российской империи. М., 1993. С. 102.

鲜移民反日运动的打击力度。1912年3月，日本驻符拉迪沃斯托克总领事再次向阿穆尔沿岸辖区总督提出要求："采取严厉措施，以避免与俄国友好邻邦间发生不愉快的事情。"① 迫于日本政府的压力，俄国当局调整了对朝鲜移民的态度，名义上表示会采取措施制止境内朝鲜移民的反日运动，一旦逮捕定会引渡给日本。为了钳制日本，俄国并未完全按承诺行事，但在俄日夹缝中，朝鲜爱国者在俄国的反日运动仍然受到较大冲击。

（三）战争因素

19世纪末20世纪初，几个主要资本主义国家进入帝国主义阶段，为争夺海外市场和原料产地掀起了瓜分世界的狂潮。不仅东北亚地区矛盾冲突不断，国际上两大对立的军事集团亦矛盾重重，两大军事集团疯狂地扩军备战，于20世纪初最终酿成世界大战。

俄国境内朝鲜移民的出现、数量的波动，以及俄国对朝鲜移民政策的调整均可以觅见战争的踪影。

首先是区域战争。东北亚地区作为世界范围内诸多国际矛盾的聚合点，成为帝国主义列强的争夺之地。19世纪末20世纪初，东北亚地区爆发了两场大规模战争，即甲午战争和日俄战争，这两场战争无疑改变了东北亚的区域格局。甲午战争后，日本凭借《马关条约》，成功将朝鲜剥离华夷朝贡体系，并加紧了对朝鲜的经济控制。而此时，俄国凭借"三国干涉还辽"确立了在东北亚的优势地位，亦

---

① Письмо японского генерального консула во Владивостоке Приамурскому генерал-губернатору от 23 марта 1912 г. -РГИА ДВ, Фонд 702. Опись 4. Дело 753. Лист 93.

被朝鲜王室视为"救命稻草"。对俄国的信任和好感，使其成为朝鲜民众投奔的去处之一。而日俄战争后，日、俄在朝鲜的均势被日本独占的格局取代，朝鲜沦为日本的"保护国"，日本全面控制朝鲜，俄国势力则退居中国东北。在成为保护国的一年内，日本侵略者和富农在朝鲜占领了130万公顷空地和已开垦的国有土地，大约285万朝鲜农民被殖民者赶出自己的土地。除此之外，还有76935公顷土地转入日本侵略者之手。在日本的经济奴役下，朝鲜王室加大了征税力度，这让大多数朝鲜农民无力承受，生活不堪重负，最终不得不远离家乡，逃奔出国。因此，在两次区域性战争的影响下，大批不堪承受奴役之苦的朝鲜人纷纷出逃，出现了以俄国为目的地的朝鲜移民潮。

面对不断涌入的朝鲜移民，俄国的政策亦出现了波动。俄国不仅担心大量朝鲜人在远东地区长期进行土地开发，会造成土地耗尽，其更担心，一旦日俄开战，同属东方民族的朝鲜人会完全倒向日本，对俄国的安全构成威胁。此外，让俄国顾虑的又一因素便是，日俄战争后俄国在东北亚的攻势被日本全面逼退，处于劣势的俄国，至少在表面上不愿与日本在朝鲜移民问题上产生误解。因此可以说，日俄战争后是俄国对朝鲜移民政策最消极的阶段。正是在这一时期，俄国政府不仅采取措施积极鼓励本国居民向远东地区自由移民，翁特尔别格担任阿穆尔沿岸辖区总督以后，更是实施了排斥朝鲜移民的政策，在远东各个工作岗位驱逐朝鲜移民。

其次，世界大战。世界大战的爆发让俄国的朝鲜移民政策不得不再度进行调整。1914年7月底一战爆发，随着俄国在战争的泥潭中越陷越深，对新的武器弹药，武装力量的需求也越来越迫切，而生产这些物资需要大量的人力资源。由于俄国人力不足，政府不得不使用此前不被接受的黄种人充当劳动力。调派廉价朝鲜移民去俄国西部，以加强军工生产补充劳动力资源；战争期间，俄国还接纳了大量的此前未加入俄国国籍的朝鲜移民入籍，以增加兵源。至1917年，入籍的朝鲜移民数量达到32841人，而1914年一战爆发之初，入籍的朝鲜移民人数仅有20109人。

综上所述，俄国对朝鲜移民政策，不仅受俄国内部经济发展战略、政治利益左右，更受东北亚国际关系制约，其中包括中朝因素、日本因素和战争因素。外部因素在不同历史时期，作用于俄国对朝鲜移民的政策制定，甚至决定朝鲜移民的命运走向。

第三节　俄国朝鲜移民政策的特征

1860~1917年，在东北亚国际关系的大背景下，俄国对境内朝鲜移民政策的制定，不仅关乎其自身的安全，更牵涉到东北亚各国利益。通过对这段历史的全面考察，现将俄国对朝鲜移民政策的演变特征总结如下：

第一，以国家利益为中轴的现实主义特性。在国际舞台上，国家利益是一个国家的最高利益，亦是其制定内外政策的根本出发点，一个国家切实有效的内外政策应该确立在对国家利益的理性分析和明确认知的基础上。正如美国政治学家汉斯·摩根索所言："只要世界在政治上还是由国家所构成的，那么国际政治中实际上最后的语言就只能是国家利益。"①

实践中，不同国家行为体在认识和维护国家利益方面存有差异。推崇理想主义的国家往往把"民主、自由"等意识形态方面的利益放在国家利益的首位，而奉行现实主义的国家行为体更多地把谋求"安全、实力和权力"等目标视为国家利益的首要因素。经过考察我们发现，俄国对朝鲜移民政策的制定，始终在追逐"安全、实力和权力"的过程中进行着动态的调整和变化。在俄国没有安全顾虑的情况下，经济利益便凸显出来。例如，朝鲜人向俄国远东移民的初期，无论是移民人数，还是地域的分布都不足以对俄国边境地区的安全构成威胁，甚至还可以为俄国农业、工业、交通运输业等领域提供急需的劳动力。于是，俄国为了实现远东地区的经济发展战略，采取了积极安置和吸纳朝鲜人的措施；然而，当俄国面临安全威胁时，政治利益便会成为其首要的考虑因素。正如当越来越多的朝鲜人涌入远东地区时，俄国便将大量生活在边境地区的朝鲜移民迁入远东内陆，或者限定其加入俄国国籍，甚至禁止国有企业和工矿场使用朝鲜劳动力，实行了限制和排斥朝鲜移民的政策。

可见，俄国对朝鲜移民政策的演变受国家发展战略、国际局势变化等各种因素的影响，竭力在多国权力制衡中寻求利益平衡点，实现国家利益最大化，体现了其务实、灵活的现实主义特性。

第二，移民同化政策是俄国对朝鲜移民政策的重要内容。19世纪60年代《中俄北京条约》使俄国成功将其触角

---

① 〔美〕汉斯·摩根索：《国家间政治——为权力与和平而斗争》，徐昕等译，中国人民公安大学出版社，1990，第6页。

伸向远东地区。随着俄国开发远东战略的制定，远东地区出现了越来越多的外来移民，朝鲜移民便是其中之一。俄国对朝鲜移民政策在不同时期进行着适时的调整，但是同化政策成为其一以贯之的移民政策。

朝鲜人的民族意识较为强烈，他们来到俄国后，依然习惯聚居生活，说民族语言，信奉本民族的宗教文化，穿着民族服饰。即使是那些在俄国生活了多年的朝鲜人，依然保留着浓厚的民族特征，甚至不会说俄语。正如翁特尔别格的描述："在宗教信仰、风俗习尚、世界观和经济生活条件等方面，朝鲜人与我们格格不入，很难接受俄国的同化。虽然从皈依东正教的人数来看，东正教似乎取得了一定的成绩，但这只是表面现象，而且也只能如此，因为在我国定居的绝大多数朝鲜农民不懂俄语，而传教士中也只有极少数人懂朝鲜语。朝鲜移民会在许多朝鲜移民村庄设立俄国学校，但只是为了装饰门面，大多数朝鲜孩子学习的仍旧是朝鲜文字。居住在我国的朝鲜人，与临时谋生的朝鲜人过从甚密，使他们与朝鲜国内同胞的联系不断，这样，他们也就保持了原有的习俗。俄国人与朝鲜人几乎不能婚嫁。……他们根本不食用我们的黑面包，不喝牛奶……要使俄国的影响深入到他们中间并使他们俄国化该是何等困难。"[①]

实际上，从接纳第一批朝鲜移民起，俄国政府便开始推行同化政策。例如，俄国政府要求在朝鲜移民聚居区开办俄语学校，教朝鲜移民学习俄语，接受俄国文化；大力宣扬东正教，并迫使朝鲜移民接受洗礼，实现宗教统一；

---

① 〔俄〕翁特尔别格：《滨海省1856—1898年》，黑龙江大学俄语系研究室译，商务印书馆，1980，第102~103页。

生活习惯方面，禁止朝鲜移民保留民族习惯，装扮民族服饰和发式，等等。为贯彻同化政策，俄国政府规定只有皈依东正教才有机会加入俄国国籍，而只有加入俄国国籍才能享有与俄国居民同等的权利，甚至合法地获得土地。为了谋求生存，俄国出现了很多"表面上"被同化的朝鲜移民。这体现了朝鲜移民既有一定的文化适应性，又具强烈的民族依附感。

第三，在政策执行中，阿穆尔沿岸辖区总督起到了至关重要的作用。虽然俄国中央政府是移民政策的主要制定者，但阿穆尔沿岸辖区总督的枢要作用不容忽视。

为了加强对远东地区的管理，俄国进行了行政机构改革。1884年，阿穆尔沿岸边区从东西伯利亚总督辖区中脱离，单独成立阿穆尔沿岸总督辖区（本书简称为阿穆尔沿岸辖区）。1906年，外贝加尔省脱离伊尔库茨克军事辖区，并入阿穆尔沿岸辖区。这一行政单位成立后，成为俄国远东政策，包括对朝鲜移民政策的主要执行机关。

不同历史阶段，不同总督出于各自的利益考量，对朝鲜移民的态度各不相同。从杜霍夫斯基和格罗杰科夫的灵活应变，到翁特尔别格的强硬措施，再到果达基的友善态度，阿穆尔沿岸辖区总督的个人观点无不直接影响着俄国朝鲜移民的命运。他们对朝鲜移民的个人立场，通常会成为中央政府制定政策的依据，同时他们在执行中央政府的政策时，并非言听计从，往往在不违背国家利益的前提下，更关注地方经济的发展与利益的维护，表现出了灵活、自主的特性，带有明显的个人烙印。

第四，俄国对朝鲜移民政策牵涉到了东北亚各国利益，成为俄国对朝政策乃至"远东政策"的重要筹码。

19世纪上半叶,朝鲜成为欧美各大国逐鹿之地。一直梦想获得东北亚地区不冻港的俄国在军事、经济等条件不成熟的情况下,未敢贸然行动。恰在这一时期,俄国远东地区出现了朝鲜移民,俄国以此为契机,对其进行了积极安置,从而确立了朝鲜民众心中"保护神"的形象。这使朝鲜民众在面临自然灾害或政治灾难之时,往往将俄国远东地区视为求生的理想之地。此后,俄国通过甲午战争后的"干涉还辽"又进一步取得朝鲜王室的信任,在朝鲜高层培植了大量亲俄派,代表人物便是朝鲜国王及闵妃一派,这使俄国一度控制了朝鲜。

此外,朝鲜移民亦是俄日关系不可回避的现实。20世纪初,进入帝国主义阶段的俄国迫切需要寻求海外市场,在"远东政策"推动下,俄国曾一度在东北亚确立了优势地位,但随着日本"大陆政策"的挤压,俄国最终被逼退,将势力移出朝鲜,退居中国东北。与日本在东北亚角逐的失利,使俄国不得不在名义上与之保持和平状态,以养精蓄锐,而实际上俄国仍然寻找机会打压日本。特别是日本吞并朝鲜后,俄国涌入大量政治性朝鲜移民,其中包括许多朝鲜反日民族运动者,他们以俄国滨海为根据地,创建政治团体,开办报纸,组织武装力量开展了声势浩大的反日斗争。远东地区的海参崴,由于地理上的要害性,很快成为朝鲜移民的聚居地,并成为朝鲜移民开展独立运动的中心,成为与朝鲜国内、中国东北联动配合的反日运动的根据地。俄国对境内朝鲜移民反日运动的暧昧态度,正是其利用朝鲜移民钳制日本的重要举措。

参考文献

一 外文资料

(一) 俄文资料

1. 档案类

Архив внешней политики Российской Империи (АВПРИ)

Государственный архив Российский Федерации (ГАРФ)

Государственный архивИркутской облости (ГАИО)

Российский государственный исторической архив (РГИА)

Российский государственный исторической архивДальнего Востока (РГИАДВ)

2. 文献类

Алепко А. В. Документы архивов России о деятельности иностранных предпринимателей на русском Дальнем Востоке во второй половинеXIX-началоXXвв. Владивосток, 1998.

Барсуков И. Граф Николай Николаевич Муравьев-Амурский поего письмам, Официальным документам, рассказам современников и печатным источникам (материалы для биографии). М., 1989.

БудищевА. Ф. Описание лесов части Приморской области-Сборник главнейших официальных документов по управлению Восточной Сибирью. Иркутск, 1883.

Вагин В. Корейцы на Амуре. -Сборник историко-статистических сведений о Сибири исопредельных ей странах. Т. 1, СПб. 1875 – 1876.

Гарин-Михайловский Н. Г. По Корее, Маньчжурии и Ляодунскому полуострову. -Собрание сочинений. Том5. М., 1958.

Ли. В. Ф., Ким. Е. Белая книга о депортации корейского населения России в 30 – 40-х годах. Книга первая. М., 1992.

Надаров И. Материалы к изучению Уссурийского края. Владивосток, 1886.

Позняк Т. З. Источники по истории формирования и деятельности ностранного населения на юге ДальнегоВостока (1860 – 1917гг). Владивосток, 2000.

Сборник договоров и других документов по истории международных отношений на Дальнем Востоке (1842 – 1925). Под ред. Э. Д. Гримма. М., 1925.

Сборник главнейших официальных документов по управлению Восточной Сибирью. Т. 4. выпуск1. Инородцы Амурской области. Иркутск, 1883.

Труды Центрального государственного архива Дальнего Востока (ныне РГИА ДВ). Томск, 1960.

Федеральная архивная служба России. Корейцы на Российском дальнем востоке (вт. пол. XIX-нач. XXвв) -Российский государственный исторический архив Дальнего Востока. Владивосток, 2001.

3. 著作类

Алексеев А. И., МорозовБ. Н. Освоение русского Дальнего Востока. КонецXIXв. – 1917г. М., 1989.

Алепко А. В. Влияние корейской и китайской миграции на развитие русского Дальнего востока в концеXIX-началеXXвв. Владивосток, 1994.

Алепко А. В. Государственная политика и международные экономические отношения на Дальнем Востоке России (концеXVII – 1917г). Хабаровск, 2006.

Аносов С. Д. Корейцы в Уссурийском крае. Хабаровск-Владивосток, 1928.

АрхиповН. Б. Дальневосточный край. М-Л., 1929.

Бабичев. И. Участие китайских и корейских трудящихся в гражданской войне на Дальнем Востоке. Ташкент, 1959.

Буссе Ф. Ф. Переселение крестьян морем в Южно-Уссурийский край в 1883 – 1893 годах. Спб., 1896.

Бугай Н. Ф., Мекулов Д. Х. Народы и власть: «социалистический эксперимент». Майкоп, 1994.

Бугай Н. Ф. Социальная натурализация и этническая мобилизация. М., 1998.

Бугай Н. Ф. Российские корейцы: новый поворот истории. (90-е годы). М., 2000.

Бугай Н. Ф. Российские корейцы и политика «солнечного тепла». М., 2002.

Бугай Н. Ф. «Третья Корея»: новая миссия и проблемы глобализации… М., 2005.

Бугай Н. Ф. Корейцы стран СНГ: общественно-географический «синтез» (начало XXI века). М., 2007.

Бэ Ынгён (Бэ Ын Гиёнг). Краткий очерк истории советских корейцев (1922 - 1938). М., 2001.

БэЫнгёнСоветские корейцы в 20 - 30-е годы XX века. (К историографии темы). М., 1998.

Вагин В. И. Корейцы на Амуре. -Сборник историко-статистических сведений о Сибири и сопредельных ей странах. Том1. С.-Петербург, 1875 - 1876.

Венюков М. И. Путешествия по Приамурью, Китаю и Японии. Хабаровск, 1952.

Вильчинский Ф. Л. Рабочие силы промышленных предприятий Приморской области. Владивосток, 1904.

Волохова А. А. Попытки принятия закона о регулировании китайской и корейской иммиграции на русский Дальний Восток в началеXXв. М., 1995.

Гайкин В. А. Корейское население Маньчжурии в освободительной борьбе против империалистической агрессии Японии 1905 - 1945 гг. Автореф. дисс. … к. и. н. М., 1982.

Галлямова Л. И. Дальневосточные рабочие России во второй половинеXIX -начале XXвв. Владивосток. 2000.

Галлямова Л. И. Дальний Восток России: основные аспекты исторического развития во второй половине XIX-начале XX века. Владивосток Дальнаука, 2003.

ГаллямоваЛ. И. Формирование рабочего класса на Дальнем Востоке России (1860 – 1917). Владивосток, 1980.

Глуздовский В. К. Дальне-Восточная обдасть. Владивосток, 1925.

Граве В. В. Китаций, корейцы и японцы в Приамурье. Спб., 1912.

Григорцевич С. С. Дальневосточная политика империалистических держав в1906 – 1917гг. Томск, 1965.

Дербер П. Я., Шер М. Л. Очерки хозяйственной жизни Дальнего Востока. М-Л., 1927.

Джарылгасинова Р. Ш. Основные тенденции этнических процессов корейцев Средней Азии и Казахстана. М., 1980.

Душенькин В. В. От солдата до маршала. М., 1960.

Зиновьев В. П. Китайские и корейские рабочие на горных промыслах Сибири и дальнего Востокав концеXIX-началеXX. Томск, 1996.

История Дальнего Востока СССР в эпоху феодализма и капитализма (XVIIв-февраль1917г). М., 1990.

КабузанВ. М. Как заселялся Дальний Восток (атсрая половинаXVII-начало XXвека). Хабаровск, 1976.

Кабузан В. М. Эмиграция и реэмиграция в России вXVIII-начале XX века. М: Наука. 1998.

Кабузан. В. М. Дальневосточный край в XVII-начале XX вв. М：Наука. 1998.

Кан Г. В. История корейцев Казахстана. Алматы，1995.

Ким Сын Хва. Очерки по истории советских корейцев. Алма-Ата Наука. 1965.

Ким Сын Хва. Корейские крестьяне русского ДВ в концеXIX-началеXX. Алма-Ата，1959.

Ким Г. Ф. История иммиграции корейцев. Вторая половина-XIX1945 год. М：Наука. 1990.

Ким ЕН-СУ. История корейско-русских отношений в концеXIX в. Москва，2006.

Ким ЕН-СУ. Политика России в корейском вопросе и проблема переселения корейцев в Приамурский край в началеXXв. М.，2006.

Ким Г. Н.，Мен Д. В. История и культура корейцев Казахстана. Алматы，1995.

Ким П. Г.，Бан Санхен. История переселения советских корейцев. Сеул，1994.

Корейцы и инородцы Южно-Уссурийского края Приморской области. Иркутск，1883.

Крестовский В. В. О положении и нуждах Южно-Уссурийского края. СПБ.，1881.

Кузин А. Т. Дальневосточные корейцы жизнь и трагедия судьбы. Южно-Сахалинск，1993.

Ли В. Ф. Россия и Корея в геополитике Евразийского Востока. М.，2000.

Ли Ухё, Ким Енун. Белая книга о депортации корейского населения России в 30 – 40-х гг. Кн. 2. М., 1997.

Максимов А. Я. Наши задачи на Тихом океане. Политические этюды. С.-Петербург, 1894.

Нам С. Г. Корейский национальный район. М., 1991.

Нам С. Г. Российские корейцы История и культура (1860 – 1925). М., 1998.

Насекин Н. А. Корейцы Приамурского края. М., 1904.

Нестерова. Е. И. Проблемы взаимодействия русского, корейского и китайского колонизационных потоков в условиях Приамурья (вторая половина XIX в). Хабаровск, 1999.

Надаров И. П. Материалы к изучению Уссурийского края. Владивосток, 1886.

Новицкая А. Южно-Уссурийский край и переселенцы: Географический очерк. Харьков, 1893.

Пак Чон Хё. Россия и Корея 1895 – 1898. Москва: МГУМЦК, 1993.

Пак Б. Б. Российская дипломатия и Корея (1860 – 1888 гг). Москва-СПБ-Иркутск, 1998.

Пак Б. Б. Российская дипломатия и Корея (1888 – 1897). Москва: ИВ РАН. 2004.

Пак Б. Д. Россия и Корея. М., 2004.

Пак Б. Д. Борьба российских корейцев за независимость Кореи, 1905 – 1919. Москва: ИВ РАН. 2009.

Пак Б. Д. Корейцы в Советской России (1917-конец 30-х

гг.). М. -Ирк. -СПб, 1995.

Пак Б. Д. Освободительная борьба корейского народа накануне Первой мировой войны. М., 1967.

Пак Б. Д. Корейцы в Российской империи. Изд. 2-е, испр. Иркутск, 1994.

Пак Б. Д., Бугай Н. Ф. 140 лет в России. М., 2004.

Пак Б. Д., Корейцы в СССР. Материалы советской печати 1918 - 1937 гг. М., 2004.

Пак Б. Д. СССР, Коминтерн и корейское освободительное движение. 1918 - 1925. Очерки, документы, материалы. М., 2006.

Пак Чонхё, Ли О. А.. Архивные списки депортированных российских корейцев в 1937 г. / Сост.: Ч. 1. М., 1997.

Пан Бённюль. Слободка Синханчхон и корейская община в России» /1937 год. Российские корейцы: Приморье - Центральная Азия - Сталинград (Депорта ция). М., 2004.

Пак М. Н. Из истории освободительного движения корейского народа. М., 1955.

Пак Хван. История национального движения корейцев России. Сеул, 1995.

Пак Дже Кын. Эмиграция корейцев в Россию (вторая половинаXIX в. - 1917 г.). М., 2000.

Песоцкий В. Д. Корейский вопрос в Приамурье. Хабаровск, 1913.

Пер. на кор. яз. Ли Се Ку; Ким Сын Хва. История советских корейцев. Сеул, 1989.

Пер. на кор. яз. Тен Тхэ Су; Ким М. Т. Корейские интернационалисты на Дальнем Востоке и Сибири в период японской интервенции. Сеул, 1990.

Петров А. И. Корейская диаспора в России 1897 – 1917гг. Владивосток, 2001.

ПетровА. И. Корейская диаспора на Дальнем Востоке России 60 – 90-е годыXIX века. Владивосток: ДВО РАН, 2000.

Пискулова Ю. Е. Российско-корейские отношения в серединеXIX-начале XX в. М. : Вост. лит. , 2004.

ПознякТ. З. Переход иностранцев в российское подданство правaвые аспекты и ситуация в дальневосточном регионе (1860 – 1917). Благовещенск, 2001.

ПознякТ. З. Аккультурация китайских и корейских имгранты в Сибири и на Дальнем Востоке. М. , -Иркутск, 2004.

ПознякТ. З. Иностранные подданные в городах Дальнего Востока России (вторая полонаXIX-началоXXвв). Владивосток, 2004.

Пржевальский Н. М. Путешествие в Уссурийском крае 1867 – 1869 гг. М. , 1947.

Риттих А. А. Переселенческое и крестьянское дело в Южно-Уссурийский край. СПБ. , 1896.

РомосА. А. Импорт рабочей силы на русский Дальний Восток (60-еггXIX в-1913г). Благовещенск, 1999.

Россов П. Национальное самосознание корейцев. СПБ. , 1906.

Розалиев Ю. Н. Из истории российско-корейских отношений. М. , 1998.

Рыбаковский. Л. Л. Население Дальнего Востока за 150лет. М. , 1990.

Статистико-географический очерк Кореи. Владивосток, 1912.

Смирнов Е. Т. Приамурский край на Амурско-Приморской выставке1899г в Хабаровске. Хабаровск, 1899.

Сорокина Т. Н. Отношение русской администрации к китайским подданным на Дальнем Востоке в конце 70-начале80-х годовXIX. Омск , 1993.

Сорокина Т. Н. Отношение администрации Приамурского края к китайскому общественному управлению на русском Дальнем Востоке в концеXIXв. Омск, 1994.

Сорокина Т. Н. Хозяйственная деятельность китайских подданных на Дальнем Востоке России и политика администрации Приамурского края（конецXIX-началоXX-вв）. Омск, 1999.

Сорокина Т. Н. Почему в началеXXв так и не был принят иммиграционный закон для дальневосточных областей. Иркутск, 2004.

Со Де Сук. Жизнь советских корейцев, уходящая своими корнями в столетнюю историю. Сеул, 1989.

Тавокин С. Н. К вопросу о 《желтой опасности》. Петербург-Киев, 1913.

Тесленко. С. А. Китайская и корейская миграция в приграниченые районы дальнего востока России (1860 – 1905гг.). Анапа, 2013.

Тягай Г. Д. Очерк истории Кореи во второй половинеXIX в. М., 1960.

ТроицкаяН. А., АбрамоваК. Б., КаргиноваИ. Е., УсталоваО. В., ЧерепановаН. М. Корейцы на российском Дальнем Востоке (вт. пол. XIX-нач. XXвв.). Документы и материалы. Владивосток, 2001.

ТроицкаяН. А., АбрамоваК. Б., ГончароваЕ. М., ЯворскаяЕ. Д. Корейцы на российском Дальнем Востоке (1917 – 1923 гг.). Владивосток, 2004.

Унтербергер П. Ф. Приморская область 1856 – 1898. СПб., 1900.

Унтербергер П. Ф. Приамурский край. 1906 – 1910гг. СПб., 1912.

Хан С. А. Участие корейских трудящихся в гражданской войне на Дальнем Востоке-Корея. История и экономика. М., 1956.

Хара Тереуки. Корейское движение на российском Приморье //Столетняя история советских корейцев. Сеул, 1989.

Харуки Вада. Корейцы на советском Дальнем Востоке. (1917 – 1937). Университет Гавайи, 1986.

Хмелева О. Н. Правда об Уссурийском крае и его обитателях. М., 1899.

Хроленок. С. Ф. Иммиграция рабочих на золотые прииски Сибири в дооктябрьский период. -Хозяйственное освоение Сибири в XIX -начале XX в. -Иркутск, 1991.

Чернышева. В. Из истории революционного движения на Дальнем Востоке в 1905 - 1907 гг. Хабаровск, 1955.

Шапаев В. И. Колониальное закабаление Кореи японским империализмом (1895 - 1917). М., 1964.

Шрейдер Д. И. Наш Дальный Восток. СПБ., 1897.

4. 期刊类

Алепко А. В. Экономическая деятельность китайцев в дальневосточном регионе России в XIX-начале XX вв // Проблемы Дальнего Востока-М., 2002. №4.

Аурилене Е. В. Жалкая судьба // Россия и АТР. 1998. № 1.

Бугай Н. Ф. Корейцы в СССР: из истории вопроса о национальной государственности// Восток. 1993. №2.

Бугай Н. Ф. О выселении корейцев из Дальневосточного края // Отечественная история. М., 1992. № 6

Бугай Н. Ф., Вада Харуки. Из истории депортации «русских корейцев» // Дружба народов. М., 1992. № 7

Бугай Н. Ф. Тайное становится явным («Корейский вопрос» на Дальнем Востоке и депортация 1937 года) //Проблемы Дальнего Востока. 1992. № 4;

Бугай Н. Ф. Корейцы в СССР: из истории вопроса о национальной государственности. // Восток. 1993. № 2.

Бугай Н. Ф. Выселение корейцев с Дальнего Востока. // Вопросы истории. 1994. № 5.

Бугай Н. Ф. Корейское этническое меньшинство в Союзе ССР (России): проблемы репрессий. 1930 – 1940-е годы. (120-летие сеульской конвенции и 140-летие добровольного переселения корейцев в Россию) / Информационный бюллетень. Спец. выпуск. М., 2004. № 6.

ВЛ. Ф. Л. Ким Г. Н. История иммиграции корейцев. -Проблемы Дальнего Востока// М., 2008. №1.

Волохова А. А. Китайская и корейская иммиграция на российский Дальний Восток в концеXIX-началоXXвв// Проблемы Дальнего Востока, 1996. №6.

ВолковаТ. В. Российские корейцы: К вопросу о самоидентификации// Этнографическое обозрение, 2004. №4.

Выпасов А. Корейцы в сельском хозяйстве Хабаровского края//Дальний Восток, 1929. №2.

Выбель Ф. Заметка о Приамурском крае (Материал для военно-статистического обозрения) //Военный Сборник., 1894. №3.

Гальперин А. Л. Корейский вопрос в международных отношениях накануне аннексии Кореи японией (1905 – 1910) //Вопросы истории, 195. №2.

Григорцевич С. С. Участие корейцев русского Дальнего Востока в антияпонской национально освободительной борьбе 1906 – 1917 гг. // Вопросы истории. 1958. №10.

Джарыллгасинова Р. Ш. Корейцы России// Этнографическое обозрение, 2004. №4.

Джарыллгасинова Р. Ш. Историческая топонимия корейских

поселений на Российском дальнем востоке（вторая половинаXIX-началоXX в.）//Этнографическое обозрение，2004. №4.

Загорулька А. В. Особенности хозяйственной деятельности и материальной культуры корейцевРоссийского дальнего востока（60-е годыXIX-началоXX в.）//Этнографическое обозрение，2004. №4.

Кириллов А. В. Корейцы села Благословенного //Приамурские ведомости，1895. № 58.

Киммангем И. Советское строительство среди корейского населения// Советское Приморье，1926. №1-2.

Кюнер Н. В. Корейцы в Дальневосточном крае//Этнографическое обозрение，2004. №4.

Комов А. О китайцах и корейцах в Приамурском крае// Сибирские вопросы，1909. т. 27.

КомовА. Желтая раса и рабочий вопрос в Амурской золотопрамышленно сти //Сибирские вопросы，1909. №32.

Ли У ХЕ. Корейцы российского приморья в Борьбе за независимость Кореи//Проблемы Дальнего Востока，2005. №1.

Лыкова Е. А. ，Проскурина Л. И. Третья волна иммиграции：«Корейский вопрос» в приморской деревне в 20-е-30-егоды ХХ в// Россия и АТР，1996. № 2.

МацокинП. Г. Оценка данных производств в японских, китайских и европейских ремесленно-промышленных заведениях гор Владивостока за 1910 – 1911гг /естник

Азии-Харабин, 1911. №10.

Насекин Н. А. Корейцы Приамурского края//Журнал Министерства народного образования. Седьмое десятилетие, 1904. № 3.

Настерова. Е. И. Система управления иммигрантами на Дальнем Востоке (1860 – 1884гг) //Россия и АТР, 2000. №2.

ПановА. А. Борьба за рабочий рынок в Приамурье//Вопросы колонизации , 1912. №11.

Петров А. И. Корейская эмиграция на русский Дальний Восток ипозиция цинского Китая (1864 – 1884) // Общество и государство в Кита, 1988. №2.

Петров А. И. Корейская иммиграция на Дальний Восток России в 1860 – 1917 гг. //Вестн. ДВО РАН, 1998. № 5.

Петров А. И. Когда же началась корейская иммиграция в Россию? // Россия и АТР, 2000. № 2.

Петров А. И. Корейцы и их значение в экономике Дальневосточного края//Северная Азия, 1929. №2.

Петров А. И. Корейцы-переселенцы их история в русской историографии до 1917г//Россия и АТР, 1996. №4.

Петров А. И. Международно-правовое положение корейцев на Дальнем Востоке России 1860 – 1897гг/Таможенная политика России на Дальнем Восток, 2000. №1.

Покровский М. Н. Русский империализм в прошлом и настоящем// Просвещение, 1914. №1.

Пэ Ын Кён. Демографическая характеристика советских

корейцев Дальнего Востока (1920 – 1940 гг) // Проблемы Дальнего Востока, 1988. №5.

Рагоза А. Краткий исторический очерк переселения корейцев в наши пределы (по архивным материалам Приамурского областного управления) // Военный сборник, 1903. №6.

Решетов А. М. О статье Н. В. Кюнера "Корейцы в Дальневосточном крае" // Этнографическое обозрение, 2004. №4.

Симбирцева Т. М. Российско-корейские контакты в Пекине в концеXVII-середине XIX в. (по дневникам корейских послов) // Проблемы Дальнего Востока, 1998. №6.

Соколов Б. Содружество народов Советского Дальнего Востока // Тихий океан, 1937. №1.

Соловьена Н. А. Корейцы в России// Россия и АТР, 1993. №2.

Тесленк С. А Микрационная политика на Дальнем Востоке России (начало XXв) // Россия и АТР. 2006. №4.

Хроленок С. Ф. Китайские и корейские отходники на золотых приисках русского Дальнего Востока (конец XIX-начало XX в.) // Восток, 1995. №6.

Цыпкин С. А. Участие корейских трудящихся в борьбе против интервентов на советском Дальнем Востоке // Вопросы истории. 1956. № 11.

（二）韩文及英文资料

김동진．재노동포의 과거와 현재．신동아，1932．

국사편찬위원회．러시아 중앙아시아 한인의 역사．국사편찬위원회，2008．

김정；장 우권；김흥길．러시어에서의 고려인이 생산한 한글정보자원에 관한 연구．서울．2005．

백태현．중앙아시아 고려인의 사회경제적 특성．범한민족 연구논총，Vol. 1，2005．

박민영．한말 연해주의병에 대한 고찰．인하사학，제 1 집，1993．

쏘련의 한인들．고려사람．이론과 실천，1990．

이상근．한인 노령이주사 연구．탐구당，1996．

이문용．중앙아시아의 한국인 사회 – 문화접변의 연구．사회과학과 정책 연구，1981．

재외동포재단．독립국가연합 지역의 신흥 고려인사회 네트워크．재외동포 재단，2003．

중앙아사아 고려인 사회 연구，1938–1953<렌닌기치>의 기사를 중심으로．유지윤．서울．2006．

중아사아 한인 사회와 고육 1930–40년대．방얼권．서울，2006．

Bishop, I. L. B., "Korea and Her Neighbours. A Narrarive of Travel, with an Account of the Recent Vicissitudes and Present Position of the Country", Second Impression. Vol. 2. L., 1898.

Choi Seung-Hee, "North Korean People: Koreans, North Koreans in Russia", General Books LLC, 2010.

DAE-SOOK SUH, *Koreans in the Soviet Union*, University of Hawaii Press, 1987.

J. Otto Pohl, *Ethnic cleansing in the USSR*, 1937 – 1949, Greenwood Press, 1999.

Kolarz, W., "The Peoples of the Soviet Far East", L.: George Philip and Son Limited, 1954.

Kho Songmoo, "Koreans in Soviet Central Asia" Helsinki: Studia Orientalia, 1987.

Kim, Chi-Yon, *Koreans in Russia*, Nunbit Publishing Company, 2005.

Kwon Joo Young, "Structure and Operation of Koryoin Kolkhoz in Central Asia", Seoul, 2006.

Malozemoff, A., Russian Far Eastem Policy: 1881 – 1904. With the Special Emphasis on the causes of the Russo-Japanese War. Berkelev and Los Angeles: University of California Press. 1958.

Russell, Jesse, *Deportation of Koreans in the Soviet Union*, Tbilisi State University, 2012.

Walter Kolarz, *The People of the Soviet Far East*, New York, Praeger, 1954.

二 中文资料

（一）文献资料

北平故宫博物院：《清光绪韩中日交涉史料》，北平故宫博物院，1932。

郭廷以、李毓树主编《清季中日韩关系史料》，台湾"中央研究院"近代史研究所，1972。

赵中孚、张存武、胡春惠编《近代中韩关系史资料汇编》，台湾"国史馆"，1987。

石源华：《〈申报〉有关韩国独立运动暨中韩关系史料选

编》,人民文学出版社,2000。

(二) 译著

〔朝〕李清源:《朝鲜近代史》,丁则良、夏禹文译,生活·读书·新知三联书店,1955。

〔美〕泰勒·丹涅特:《美国人在东亚》,姚曾廙译,商务印书馆,1959。

〔朝〕朝鲜民主主义人民共和国科学院历史研究所编:《朝鲜通史》,吉林省延边朝鲜族自治州《朝鲜通史》翻译组译,吉林人民出版社,1973。

〔美〕安德鲁·马洛泽莫夫:《俄国的远东政策1881—1904年》,本馆翻译组译,商务印书馆,1977。

〔英〕R. K. I. 奎斯特德:《俄国在远东的扩张1857—1860》,陈霞飞译,商务印书馆,1979。

〔俄〕翁特尔别格:《滨海省1856—1898》(黑大俄语研究室),黑龙江大学俄语系研究室译,商务印书馆,1980。

(三) 中文著作

陈复光:《有清一代之中俄关系》,云南崇文印书馆,1947。

孙成木等:《俄国通史简编》,人民出版社,1986。

崔丕:《近代东北亚国际关系史研究》,东北师范大学出版社,1992。

曹中屏:《朝鲜近代史》,东方出版社,1993。

朴昌昱:《中国朝鲜族历史研究》,延边大学出版社,1995。

金成镐等:《朝鲜近代史研究》,延边大学出版社,1996。

朴真奭等:《朝鲜简史》,延边大学出版社,1998。

王如绘:《近代中日关系与朝鲜问题》,人民出版社,1999。

黄定天:《东北亚国际关系史》,黑龙江教育出版社,1999。

姜孟山：《朝鲜封建社会论》，延边大学出版社，1999。

姜龙范：《近代中朝日三国对间岛朝鲜人的政策研究》，黑龙江朝鲜民族出版社，2000。

倪世雄等：《当代西方国际关系理论》，复旦大学出版社，2001。

曹维安：《俄国史新论》，中国社会科学出版社，2002。

孙春日：《中国朝鲜族社会文化发展史》，延边教育出版社，2002。

孙春日：《"满洲国"时期朝鲜开拓民研究》，延边大学出版社，2003。

王晓菊：《俄国东部移民开发问题研究》，中国社会科学出版社，2003。

初祥：《远东共和国史》，黑龙江教育出版社，2003。

张建华：《俄国史》，人民出版社，2004。

崔文植：《朝鲜民族历史文化研究总书》（1－10卷），辽宁人民出版社，2006。

米庆余：《近代日本的东亚战略和政策》，人民出版社，2007。

（四）中文期刊

金信河：《苏联朝鲜人社会》，《民族译丛》1983年第6期。

初祥：《俄罗斯远东朝鲜人的命运》，《西伯利亚研究》1997年第3期。

王晓菊：《斯托雷平改革时期俄国东部移民运动》，《西伯利亚研究》1999年第3期。

朴昌昱：《1937年以前在俄国沿海州的朝鲜人》，《东疆学刊》2000年第3期。

朴昌昱：《1937年以前在俄国沿海州的朝鲜人二》，《东疆学刊》2000年第4期。

朴昌昱:《1937年以前在俄国沿海州的朝鲜人三》,《东疆学刊》2001年第1期。

朴昌昱:《1937年以前在俄国沿海州的朝鲜人四》,《东疆学刊》2001年第2期。

陈秋杰:《十月革命前朝鲜人向俄国远东地区迁移述评》,《西伯利亚研究》2005年第1期。

陈秋杰:《十月革命前俄国远东朝鲜人的经济活动》,《西伯利亚研究》2006年第4期。

陈秋杰:《十月革命前俄国远东朝鲜人的政治活动》,《西伯利亚研究》2006年第6期。

陈秋杰:《十月革命前俄国远东朝鲜人的文化生活》,《西伯利亚研究》2007年第6期。

初智巍、潘晓伟:《1863—1884年俄国远东地区朝鲜人》,《西伯利亚研究》2011年第3期。

庞宝庆、巩树磊:《苏联强制迁移远东朝鲜人问题析论》,《西伯利亚研究》2009年第6期。

潘晓伟、黄定天:《1863—1884年俄国境内朝鲜移民问题》,《人口学刊》2011年第2期。

衣保中、房国凤:《论清政府对延边朝鲜族移民政策的演变》,《东北亚论坛》2005年第6期。

附录 1　单位换算表

附表 1　长度俄制、公制计量单位换算表[①]

俄制	折合公制
Верста 俄里（等于 500 俄丈）	1.0668 公里
Сажень 俄丈（沙绳）（等于 3 俄尺）	2.1336 米
Аршин 俄尺（阿尔申）（等于 16 俄寸）	71.12 厘米
Вершок 俄寸（维尔勺克）（等于 1/16 俄尺）	4.45 厘米
Линия 俄分（等于 10 俄厘）	2.54 毫米
точка 俄厘（等于 1/10 俄分）	0.25 毫米

附表 2　面积和地积俄制、公制计量单位换算表

俄制	折合公制
кв. верста 平方俄里	1.13806 平方公里

[①] 郝建恒主编《中俄关系史译名辞典》，黑龙江教育出版社，2000，第 204～208 页。

续表

俄制	折合公制
четверть 切特维尔季（等 1.5 俄顷）	1.6388 公顷
десятина 俄顷（等于 2400 平方俄丈）	1.09254 公顷
кв. сажень 平方俄丈	4.55224 平方米
кв. аршин 平方俄尺	0.505805 平方米
кв. вершок 平方俄寸	19.758 平方厘米
сотка 索特卡	0.01 公顷

附表 3　重量俄制、公制计量单位换算表

俄制	折合公制
берковец 别尔科韦茨（等于 10 普特）	163.81 公斤
пуд 普特（等于 40 俄磅）	16.38 公斤
безмен 别兹缅（等于 2.5 俄磅）	1.023781 公斤
фунт 俄磅（等于 32 洛特）	0.40951241 公斤
лот 洛特（等于 3 佐洛特尼克）	12.797 克
золотник 佐洛特尼克（等于 1/96 俄磅）	4.266 克
Доля 多利亚（等于 1/96 佐洛特尼克）	44.43 毫克

附表 4　体积和容积俄制、公制计量单位换算表

俄制	折合公制
Кб. сажень 立方俄丈	9.71 立方米
Кб. фршин 立方俄尺	0.36 立方米
Кб. вершок 立方俄寸	88.12 立方厘米
Четверть 俄石（等于 8 俄斗）	209.91 升（散体物）
Осьмина 奥西米纳（等于 4 俄斗）	104.95 升（散体物）
Четверик 俄斗	26.239 升（散体物）
Гарнец 加尔涅茨（等于 1/8 俄斗）	3.2798 升（散体物）
Бочка 桶（等于 40 维德罗）	491.96 升（液体物）
Ведро 维德罗	12.2994 升（液体物）
Четверть 切特维尔季（等于 1/4 维德罗）	3.0748 升（液体物）
Штоф 俄升（什托弗）（旧俄量酒单位，等于 2 瓶，10 俄合）	1.2299 升（液体物）
Бутылка 瓶	0.6 升（液体物）
Чарка 俄合（等于 1/10 俄升）	0.123 升（液体物）
Шкалик 什卡利克（等于 0.5 俄合）	0.06 升（液体物）
Сотка 索特卡	0.01 维德罗（酒类）

附录2　主要民族名译名对照

Айны 爱奴人（亦称阿伊努人，即虾夷人）
Баргуты 巴尔古特人
Бирары 毕拉尔人
Буряты 布里亚特人
Гиляки 基里亚克人（费雅喀人）
Гогулы 戈古尔人
Гольды 果尔特人（那乃人的旧称，黑龙江流域通古斯族之一）
Дауры（Дахуры）达斡尔人（达呼尔人）
Кидани 契丹人
Корейцы 朝鲜人
Мангуны 满珲人
Маньчжуры 满洲人
Монголы 蒙古人
Нанайцы 那乃人（赫哲人）
Натки 纳特基人
Орочены 鄂伦春人
Солоны 索伦人（鄂温克人）

Татары 鞑靼人
Тунгусы 通古斯人
Ульчи 乌里奇人
Чукчи 楚克奇人
Эвенки 鄂温克人（埃文基人）
Якуты 雅库特人

附录3　主要地名译名对照

Адеми，р. 阿吉密河
Андреевка，дере. 安德烈耶夫卡村
Анбабира，дере. 安巴比拉村
Алелсандровск 亚历山大罗夫斯克
Амур，р. 阿穆尔河（黑龙江）
Амурская область 阿穆尔省
Амурский залив 阿穆尔湾
Амурский край 阿穆尔边区
Армавир 阿尔马维尔
Архангельск 阿尔汉格尔斯克
Астрахан 阿斯特拉罕
Баку 巴库
Барановка，дере. 巴拉诺夫卡村
Бахмут 巴赫穆特
Благовешенск 布拉戈维申斯克（海兰泡）
Благословенное с. 布拉戈斯洛维诺耶村
Брусье，дере. 布鲁谢村
бурейнский горно-полицейский округ 布列因斯克矿警区

Буссе, пос. 布谢村

Бухта Золотой Рог 金角湾

Владивосток 符拉迪沃斯托克（海参崴）

Вологда 沃洛格达

Восточная Сибирь 东西伯利亚

Вятка 维亚特卡

Гижигинск 吉日吉斯克

Даубихэ, р. 达乌比河

Дальнеий Восток 远东

Джалинск 加林斯克

Екатеринбур 叶卡捷琳堡

Екатеринодар 叶卡捷琳纳达尔

Забайкальская область 后贝加尔省

залив Петра Великого 大彼得湾

Западная Сибирь 西西伯利亚

Заречье, дере. 对岸村

Зея, р. 结雅河（精奇里江），黑龙江左支流

Золотой Рог, бухта 金角湾

Иман, р. 伊曼河

Иркутск 伊尔库茨克

Казакевичево, дере. 卡扎科维切沃村

Камчатка 堪察加

Кедровая Падь 落叶松村

Киев 基辅

Корея 朝鲜

Корсаковка, дере. 高尔萨科夫卡村

Крабе, дере. 科拉别村

Красное село 红村

Кроуновка, дере. 科伦诺夫卡村

Курган 库尔干

Лефу, р. 列富河

Маньчжурия 满洲

Монгугай, р. 曼谷盖河

Москва 莫斯科

Николаевна, дере. 尼古拉耶夫娜村

Николаевск, г. 尼古拉耶夫斯克市

Никольск-Уссурийск, г 尼古里斯克－乌苏里斯克市

Никольск, селе. 尼古里斯克村

Нижне-Селеджинск 下－谢列吉斯克

Новая деревня 新村

Новгородский пост 诺夫哥罗德哨卡

Новочеркаск 新切尔卡斯克

Ольгин 奥尔金

Оренбург 奥伦堡

Осиповка, дере. 奥西波夫卡村

Охотск 鄂霍茨克

Посьета зал. 波谢特湾

Приамурский край 阿穆尔沿岸地区（阿穆尔沿岸边区）

Приамурское генерал-губернаторство 阿穆尔沿岸总督辖区

Приморская область 滨海省

Приморье（Приморский край）滨海地区（滨海边区）

Пуциловка, дере. 普提罗夫卡村

Пятигорск 五山城

Романовна 罗曼诺夫娜村

Ростов-на-Дону 顿河罗夫斯托

Самар, р. 萨玛尔河

Саратов 萨拉托夫

Сахалин, остров（Куедао）萨哈林岛（库页岛）

Сибирь 西伯利亚

Сидими, р. 西吉密河

Синельниково 西涅尔尼科沃

Софийск 索菲斯克

Суйфун, р. 绥芬河

Сухановка, дере. 苏哈诺夫卡村

Сучан 苏城（游击队城的旧称）

Таганрог 塔甘罗格

Татарский пролива 鞑靼海峡

Таудеми 大乌吉密村

Ташкент 塔什干

Тизинхэ, р. 棘心河

Туменьган, р. 图们江

Тюмень 秋明

Удская округа 乌第区

Уссури, р. 乌苏里江

Уссурийский край 乌苏里边区

Уфа 乌法

Фаташи, дере. 法塔石村

Хабаровск, г. 哈巴罗夫斯克市（伯力）

Ханка, оз. 兴凯湖
Харьков 哈尔科夫
Хинганская система 兴安岭
Хор, р. 霍尔河
Хунчунь 珲春
Царицыно 查里岑诺
Цимухэ, р. 齐姆河
Челябинск 车里雅宾斯克
Чита, г. 赤塔市
Чурихэ, р. 丘里河
Шуфан, р. 舒法河
Южно-Уссурийский край 南乌苏里边区
Янчихэ, р. 扬齐河
Япония 日本
Японское море 日本海
Ярославль 雅罗斯拉夫尔

后　记

本书稿为国家社科基金青年项目（项目编号：13CSS025）成果，并已由全国哲学社会科学工作办公室审核准予结项（证书号：20191516）。该项课题以博士论文为基础，进行了延续性和扩展性研究。为此，我于2016～2017年赴俄罗斯国立莫斯科大学历史系访学期间搜集并整理了大量档案资料，这为本课题的顺利完成奠定了坚实基础。然而，由于现实因素所限，内容无法全部呈现，诸多遗憾以期日后弥补。

值此第一部著作付梓之际，向各位授业恩师表达我最真挚的感激与敬意。感谢我的博士生导师吉林大学东北亚研究院黄定天教授，从博士论文写作到日后科研工作的开展，先生无不耳提面命，精到指点，现又欣然为拙作撰序，师恩之深无以为报，唯愿以点滴之进以慰先生操劳之苦。哈尔滨师范大学于春苓教授是我的硕士研究生导师，是她引领我初入学术之门，在人生抉择路口为我指引方向，现在仍时刻关注学生的成长，师恩难忘，恩师教诲铭记于心。

与此同时，感谢哈尔滨师范大学历史文化学院张晓校教授。作为世界史学科带头人，他对学术的严谨，对学科的奉献，对后辈的提携，让我甚为感佩。拙作出版得到了哈尔滨师范大学历史文化学院院长李淑娟教授的支持，感谢学院领导的鼎力相助。还要特别感谢吉林大学东北亚研究院张广翔教授对本课题的关心与帮助，并为拙作出版倾力推荐，感激之情无以言表。

最后要感谢我的家人。从攻读博士学位，到承担各类课题，再到国外访学，我的父母承担了家里的一切杂务，并帮我照顾幼女。看到他们辛苦操劳，日渐苍老，心中怀惭抱愧，感谢他们无私的爱和默默的付出。还要感谢我的爱人和女儿的理解、体谅与包容。正是家人的爱给了我克服困难的勇气与力量。

拙作即将面世，仍诚惶诚恐，惴惴不安，文中若出现纰漏与舛误，恳请专家学者批评指正，本人不胜感激。

南慧英
2019年7月1日于哈尔滨

图书在版编目（CIP）数据

俄国朝鲜移民政策研究：1860—1917 / 南慧英著. -- 北京：社会科学文献出版社，2019.10
ISBN 978-7-5201-5350-8

Ⅰ.①俄… Ⅱ.①南… Ⅲ.①移民-政策-研究-俄罗斯-1860-1917 Ⅳ.①D751.238

中国版本图书馆CIP数据核字（2019）第171858号

俄国朝鲜移民政策研究（1860～1917）

著　　者 / 南慧英

出 版 人 / 谢寿光
责任编辑 / 高　雁

出　　版 / 社会科学文献出版社（010）59367226
　　　　　　地址：北京市北三环中路甲29号院华龙大厦　邮编：100029
　　　　　　网址：www.ssap.com.cn
发　　行 / 市场营销中心（010）59367081　59367083
印　　装 / 三河市尚艺印装有限公司

规　　格 / 开　本：787mm×1092mm　1/16
　　　　　　印　张：16　字　数：182千字
版　　次 / 2019年10月第1版　2019年10月第1次印刷
书　　号 / ISBN 978-7-5201-5350-8
定　　价 / 98.00元

本书如有印装质量问题，请与读者服务中心（010-59367028）联系

▲ 版权所有 翻印必究